藏传佛教五大教派名僧传

宁玛派

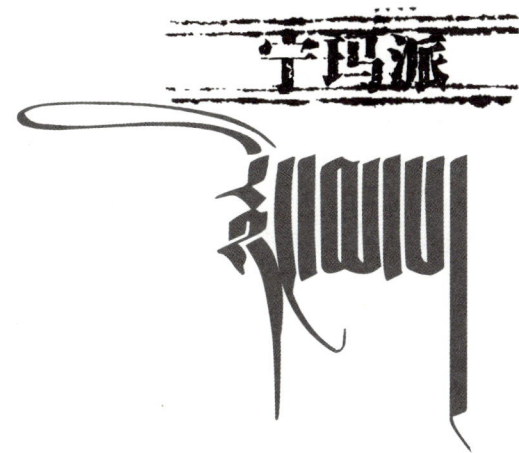

拉科·益西多杰 编译

青海人民出版社

图书在版编目（CIP）数据

藏传佛教五大教派名僧传.宁玛派 / 拉科·益西多杰编译.-- 西宁：青海人民出版社，2018.9（2023.5 重印）
ISBN 978-7-225-05648-7

Ⅰ.①藏… Ⅱ.①拉… Ⅲ.①宁玛派—僧侣—列传—中国 Ⅳ.① B949.92

中国版本图书馆 CIP 数据核字 (2018) 第 217948 号

藏传佛教五大教派名僧传·宁玛派

拉科·益西多杰　编译

出 版 人	樊原成
出版发行	青海人民出版社有限责任公司
	西宁市五四西路 71 号　邮政编码：810023　电话：（0971）6143426（总编室）
发行热线	（0971）6143516 / 6137730
网　　址	http://www.qhrmcbs.com
印　　刷	陕西龙山海天艺术印务有限公司
经　　销	新华书店
开　　本	889 mm × 1194 mm 1/32
印　　张	7.5
字　　数	140 千
版　　次	2019 年 7 月第 1 版　2023 年 5 月第 3 次印刷
书　　号	ISBN 978-7-225-05648-7
定　　价	39.00 元

版权所有　侵权必究

目录

莲花生大师
　　——宁玛派开派祖师　009

巴果·白若杂那
　　——早期密宗大师　021

拉隆·贝吉多杰
　　——佛教的卫道士　032

喀卓·益西措杰
　　——吐蕃修密女高僧　037

涅·扎那古玛拉
　　——八世纪旧密初传大师　042

努·桑杰益西
　　——旧密法中传大师　047

大索尔·释迦琼乃
　　——旧密法后传大师　052

小索尔·喜饶札巴
　　——宁玛派"三索尔"第二代大师　058

卓普巴·释迦僧格
　　——宁玛派"三索尔"第三代大师　064

札巴·恩协坚
　　——《医学四续》伏藏原本发掘师　068

绒松巴·却吉桑波
　　——宁玛派班智达　073

修波度孜
　　——宁玛派著名神通师　078

娘·尼玛沃色
　　——宁玛派上部伏藏大师　082

古如·却吉旺秀
　　——下部伏藏秘籍法师　087

嘎·丹巴德西
　　——嘎陀寺创建者　092

智妥巴·美朗多杰
　　——宁玛派著名密法成就大师　096

古麻拉若杂
　　——持明大师　100

雍敦巴·多杰贝
　　——宁玛派密宗大师　105

目 录

隆钦饶绛巴·次臣罗哲
——宁玛派一代宗师　108

喀卓玛·更嘎本
——证得幻身的空行母　114

亚杰·邬金林巴
——《白玛嘎唐》伏藏发掘师　117

阿里班钦·白玛旺嘉
——苦修瑜伽士　120

钦泽·丹贝坚赞
——兼通宁玛、萨迦教法的大学者　125

仁增邓都多杰
——密乘金刚持大师　131

司钦·曲央让卓
——五世达赖密法上师　136

白玛仁增
——四川甘孜佐钦寺创建者　140

德达林巴·仁增居美多杰
——敏珠林寺创建者　146

仁增耿桑喜饶
——四川白玉寺的创建者　152

洛钦·达摩室利
　　——宁玛派著名佛经翻译大师　　157

嘎陀仁增钦波·策旺诺吾
　　——证得旧密大成就学者　　160

钦则沃色·晋美岭巴
　　——宁玛派"广慧"大师　　165

佐钦·白玛桑欧旦增
　　——石刻经文巨匠　　171

夏嘎巴·措周让卓
　　——安多遁世修行的宁玛派大师　　174

隆钦·却央道丹多杰
　　——宁玛派密宗成就师　　179

杂白智·晋美却吉旺布
　　——遁世修行的宁玛派著名学者　　184

居·弥潘·绛央南杰嘉措
　　——康区宁玛派著名学者　　190

西钦·久美白玛南杰
　　——四川甘孜西钦寺高僧　　196

古浪仓·邬坚久哲却央多杰
　　——青海多才多艺的宁玛派高僧　　200

目录

仁增曲央桑姆
　　——杰出女佛教活动家　210

根敦群培
　　——近代史学家　215

乔智·加华吉贝多杰
　　——果洛白玉寺重建者　226

后　记　230

宁玛派

宁玛派

宁玛派,是藏传佛教各教派中历史最久远的一派,莲花生大师为其开派祖师。因其教法主要依莲花生应邀入藏所传密咒和所遗伏藏为主而传出,遂成一派。宁玛派最初学密法(旧密)、翻译密宗经典的僧人不少,但因大多系师徒单传,既无正规寺院,也无僧团,所以没有形成一个正式的派别。后弘期以来其他教派相继形成后,因其遵循前弘期旧密法,故被称之为"宁玛派"("宁玛"意为"古旧")。所谓"古",8世纪始传,比后弘期11世纪后才开始创立的其他教派而言要早300年左右;所谓"旧",在显宗方面没有新旧之分,而在密宗方面,西藏佛教史以大翻译家仁钦桑布作为一个界线,将他之前所译密宗经典称为旧密,以后所译密典称为新密,故有新、旧密之分(亦有新、旧密派之说,但大部分人公认上述说法)。然在宁玛派佛教史上对旧密有三传之说:涅·扎那古玛拉(约8世纪上半叶人),

为 8 世纪旧密的初传大师；努·桑杰益西（844—956 年），为旧密中传大师；大索尔·释迦琼乃（1002—1062 年），为旧密后传大师。

宁玛派的教法可分为实修教授和所依经典派两部分。所奉实修的根本教法有"十八部怛特罗"，但通常所实修的只有八种，称修部八教，约相当于新派无上瑜伽二次第中的生起次第。其中文殊身、莲花语、真实意、甘露功德、橛事业，名为出世五部；差遣非人、猛咒咒诅、世间供赞，名为世间三部。文殊法是静藏论师所传，莲花马头明王法是莲花生大师传给赤松德赞王，金刚橛是莲花生大师传王妃及哲阿阇黎萨蕾，由彼等次第弘传。真实法是吽迦惹论师所传，甘露法是无垢友传出而弘广的。差遣非人等世间部，是莲花生降伏西藏神鬼之后，为他们灌顶，令受三昧耶戒，将他们分为三部，成为世间有利的助伴，而宣说其供祀法的次第。其教法以大圆满为正法，默那罗乞多弘传的集经等无上瑜伽部密法是该派特有的密法。所依经典派，根据宁玛派僧人所敬奉的经典来源，又可分两派：一种叫噶玛，意即佛言或口传。主要是根据公元 8 至 9 世纪以来翻译的密宗经典，在民间由父子或师徒相传而沿袭下来。经典派中的核心代表人物是"三索尔"。大索尔·释迦琼乃是第一个把宁玛派典籍组织成系统的人，他将所学全部密法传授

宁玛派

给小索尔·喜饶扎巴。喜饶扎巴的弟子很多，有"四柱八梁"之称，继承他的教法者，为其最著名弟子卓普巴（喜饶扎巴之子）。另一系是绒松巴·却吉桑波所传，主张大圆满法。

经典传承的另一派，藏语称"代玛"，意为"伏藏"，其代表人物是娘·尼玛沃色和古如·却吉旺秀（1212—1273年）。娘·尼玛沃色是江孜一带人，将他所掘出的伏藏称为"上部伏藏"；古如·却吉旺秀是四川康区德格地方人，将他从这一带掘出的伏藏称为"下部伏藏"。据《伏藏师根本传记》载，所掘伏藏的人就有110多位，所掘伏藏无计。到15世纪，这些伏藏由热特那林巴汇刻，称为"南藏"；16世纪，另一位掘藏师叫仁增果吉戴赤坚的僧人，也发掘和汇刻了一些伏藏，称"北藏"。这些伏藏又是宁玛派僧人所学经典中的重要组成部分。一部分可作史料和其他资料收藏，其中也有少许为伪造伏藏。隆钦饶绛巴（1308—1364年）是宁玛派的一代宗师，他著有《七宝藏论》，又俗称《隆钦七藏》，是许多宁玛派寺院僧人的必修读物。

宁玛派自8至9世纪以来，在藏区也修建了一些寺院，除桑耶寺外，一般规模都比较小，也未形成像萨迦、噶举等教派那样比较稳定的寺院集团势力。宁玛派一直是单线传承，分散发展着，没有僧团，组织涣散，到12世纪，在四川甘孜建成了一座规模较大的嘎陀寺，建有经院、僧团、寺规，初具规模。16、17世纪，在前藏一带才出现了几座宁玛派大寺，尤其17世纪在五世达赖喇嘛的大力支持下，多杰扎寺（金刚岩寺）和敏珠林寺才有了显著的扩展，之后在康区又兴建了佐钦寺、白玉寺、希钦寺等规模较大且有影响的寺院。在青海、甘肃、云南等地也相继修建了许多宁玛派寺院，皆受康区几大寺院的影响而出现。如青海果洛地区的白玉寺、查郎寺和黄南尖扎的阿琼南宗寺、南宗扎寺和南宗寺（系尼姑寺），以及在果洛班玛县境内由更桑贤培建的智钦寺，等等。由此宁玛派学风日盛，佐钦寺和敏珠林等寺成为康藏地区宁玛派的学府机构。这些寺院中高僧辈出，学者著述论说，著作丰富，为佛教文化和藏族文化做出了较大贡献。

　　宁玛派在民间尚有部分分散的僧人，叫"欧巴"，安多藏语称"欧华"。他们一般没有正规的学经制度，平时既学经修习，又参加农牧业生产劳动，法会期间去寺院诵经，但受了比丘戒的僧人一般常住寺院。宁玛派的教义较为纷杂，主要修习"三部九乘"和大圆满法。三部九乘：第一部声闻、缘觉、菩萨三乘，包括大小乘佛教的显宗各派内容；第二部事、行、瑜伽三乘，称外密乘或外三乘，认为是宁玛派和其他教派共有的，也即其他各派将密法分为四部（事部、行部、瑜伽部和无上瑜伽部）的前三部；第三

宁玛派

部大瑜伽密、无比瑜伽密、无上瑜伽密三乘，称内密乘和内三乘，认为是宁玛派独有的密法。大圆满法：即旧密法要大圆满经咒，其内容分为三部分：心部、法界部和经咒部。大圆满又称大圆满胜会。旧密说心性自体性空为法身，自性光明为报身，大悲普照为化身。三身一切功德任运圆满，即是诸法真实理趣，故为大圆满。修习大圆满分两个阶段，即生起次第和圆满次第。宁玛派最重视的就是《大圆满法》的见地和实修。《土观宗派源流》一书中将大圆满解释为"现前离垢之智，明空赤露，为大圆满。"意思是说：现有世界，生死涅槃，所包含的一切诸法，悉在此灵明空寂之内，圆满无缺，故名圆满，再无比此更胜的解脱方便，故名为大。

莲花生大师

——宁玛派开派祖师

莲花生大师，8世纪印度修密高僧，梵名"白玛桑巴瓦"，又称"白玛郡乃"或"措杰多吉"，意为"莲花生"或"海生金刚"，密号"多杰周巴则"。因他出生于邬仗那（今巴基斯坦斯瓦特河谷一带），故敬称为"邬坚大师"，或"古如"。莲师的一生有浓厚传奇色彩，他的神奇传说很多，普遍的一种说法是因他无意中打伤了一位大臣的公子，激怒了这位大臣，遂派手下兵丁追杀他，他逃出宫外，有一池莲湖，开满莲花，情急中无处躲藏，遂跳入莲池，被一朵叶大花繁的莲花包在内，躲过了这一劫，后从被包的莲花走出来，人们称他为莲花生。另一说是萨霍尔（尼泊尔）国王执政时，智慧空行女王以人身降生于宫中，成为国王的公主。公主芳龄13岁时，已似成熟美貌的大姑娘，美名传遍各方，周围国家的使臣纷纷前来求婚。父王与大臣们商议，看公主的意愿，她喜欢谁就嫁给谁。国王将此事告诉公主。公主说：

宁玛派

"居家是所有过患的根源,我想舍弃荣华富贵,决心离家遁入空门。"国王未答应她的这一要求。在一个深夜,公主悄然从一密门出走,削发为尼。一时间,君臣子民到处寻找,最后终于找到公主,她已在寂护大师尊前受戒。国王无奈,为了让公主修行无碍,便派500名侍女随入佛门。国王还为她修建了一座经堂,在此圣地的山顶大洞处造了大殿,让公主住修在里面。又在其周围每一岩石上砌造石窟,作为500名侍女的住处。尔时,莲花生大师于智慧法界观察塔纳古夏湖滨有何具缘所化时,观见公主主仆、萨霍尔国王、大臣、民众等都是所化徒众,便从三界降到这里。公主主仆于散心的林苑上空虹光之中,谒见了莲花生大师。大师为其宣示了许多法意,公主心中因信念而生起钦慕,便迎请大师到经堂并请求讲授佛法。公主以无量的供品作供养,莲师以三瑜伽作传授。此时,一位寻找失牛的牧人正好从经堂门前经过,看到一位沙弥为比丘尼众讲经说法,尼众为其顶礼膜拜。牧人遂心生恶意,第二天,便在市井小民中传播议论,如此一传十,十传百,越传越神乎,渐次传到王宫中。国王知道此事后,首先派人寻找初传之人,最后那位牧人听到有重赏,就到宫中将他所见都告诉了国王。国王令大臣和后妃去察看,一行人来到经堂外,此时正好讲经,经堂门紧闭。来人听到里面说法的是一位男僧的声音,随即回宫报告了国王,国王即刻下令捉拿讲经的沙弥,另派一些人将公主带回,要求将她裸身囚禁在布满荆棘、不见天日的黑暗坑洞中直到25岁。大臣们将那位讲经说法的沙弥从法座上拉下来,剥去袈裟,用绳索赤身捆绑,并在脖子上系上粗麻绳。沙弥问大臣道:"我何罪之有,你们如此对待我?"大臣嚷道:"你贱毁我们的公主,令王族受污,该活活烧死你!"小沙弥有口难辩,被大臣等带到一岔路口处,只见这里已堆柴如山,并在柴火上浇上麻油等助燃物。公主心急如焚,再三向父王解释道:"我和莲师是师生关系,我们之间是清白的。"可国王听不进去,反骂道:"你跟素不相识的外地人鬼混,玷污了王室的荣誉,还说你们是清白的。"说完怒气冲冲地来到沙弥前,将其痛打一番,并将他送上柴火之上,令士兵从四面点火,欲将沙弥烧死以泄其恨。当熊熊大火燃起后,国王心想,现在你是在劫难逃了,遂和大臣们回宫了。但随后天地震动,诸方天神忍不住失声恸哭,哭声传至欲界天,遂有四大天王等来救援。安住于密严刹土的如来化现佛身,遍布上空。众天神有的取水,有的浇水灭火,有的抽薪,有的降雨。弥漫的烟雾持续了七天七夜还不见消散。国王疑惑地想:"按理三天三夜就可以烧尽,为何到了第七天烟雾还不散,真是件怪事!"国王亲往察看,突然发现,堆柴之地已变成一大湖泊,湖泊

宁玛派

周围被向外燃烧的烟雾笼罩。湖泊中央生出一朵从未见过的大莲花,莲花之上有位八岁男童,周身被虹光环绕,有百余位长得像公主一样的侍女作诗赞颂。国王心想是不是自己看花了眼,看错了?揉眼再三细看,都是一样。这时那位稳坐于莲花之上的男童开口问道:"那位将三世诸佛本体的上师活烧的恶毒国王来了吗?"国王听到后,懊悔地跌倒在地,双手捶胸、撞顶,在地上翻滚。大臣和百姓都围过来看个究竟,大家齐声喊道:"外地来的那个沙弥没有死,他还坐在莲花上呢!"这时国王方才醒悟自己做了不可饶恕的恶业,遂顶礼赎罪,并生起极大忏悔之心,愿意将王位呈献,请摄受。从此,莲花生之法名传遍世界。莲花生未接受国王的呈献,只求把公主放出来。国王令大臣赶紧将公主带到宫里,公主拒绝了,她要按父王的惩罚在土洞里度过25年方才出洞。经过王后等再三哭劝,她才回到宫中,礼拜和赞颂莲花生大师。从此,莲花生大师在萨霍尔王国培养了一批弟子。在他的本生传记《白玛噶塘》里记载,他非父母生养,而是从海湖莲池中的莲花中托生出来的,故名莲花生或海生金刚。得邬坚国王因陀罗菩提抚养为太子,为其娶沃嫦玛为太子妃,让他开始执政。有一次,太子到王宫里面的大厅跳舞,手中的舞器不小心失手,将正在门旁观看的一大臣之子击倒在地,激怒了手握实权的大臣，遂将他贬送到寒林一处十分可怖的地方。他从寒林辗转来到印度（今孟加拉），在巴尔巴哈蒂（又名释迦森格）论师尊前剃度出家，得法号释迦狮子。从措协循努学习医学，从希年学习声明学，从布夏嘎玛学习工艺学及法相学。之后，从八大持明论师受修八部密集，从佛密论师受幻化讲述密乘，从室利僧哈学习以大圆满为主的众多显密经教，成为大学僧。曾云游孟加拉及邬仗那等地教化有缘皈依佛门。为了修炼密宗法实践，他到灵鹫山苦修密法而获得证悟，因此，他以密宗大师著称于世。故后世敬称他的名号有八个，即莲花生八号：释迦狮子、莲花生、日光、狮子吼、忿怒金刚、莲花金刚、莲花王和爱慧，其名号前均冠有梵音"古如"，意为上师。

公元8世纪，巴·赛囊受吐蕃反佛势力的排挤被贬到芒域当地方官，期间他赴印度朝圣游学，朝拜了大菩提寺和那烂陀寺等一些佛教圣地后返回吐蕃，途经萨霍尔时遇到了印度名僧寂护，藏语称希瓦措，便邀请寂护到吐蕃弘法传教。他和寂护来到山南钦浦，由巴·赛囊精心策划安排，让赤松德赞和寂护在钦浦进行了一次会见。寂护向赞普讲授了一些佛教的道德规范和几部佛经的要义。据说，此时在拉萨发生了雷击红山、洪水冲走旁塘宫、闹瘟疫等一系列不祥之事，不信奉佛教的人将这几件事都说成是由于吐

宁玛派

蕃信奉印度佛教的报应,寂护在反佛势力的压力下不得不暂时离开吐蕃。寂护临走时对赤松德赞王说:"吐蕃的鬼神未被制服,致使不能崇信佛法,赞普寿短而亡,印度邬仗那地方有一名叫玛桑波哇(即莲花生)的大师有具足法力和降魔法术,为制伏神鬼魔怪,请迎请他来吐蕃可灭除此等魔障。"反佛气氛稍加缓和之后,赤松德赞复派人前去迎请寂护,又派仆役纳朗·多杰都琼、吉·增那僧德、钦·释迦札巴等五人前往邬仗那邀请莲花生大师。据传,莲花生是一位很有神通的人,他预先知道吐蕃派人来请他,便提前主动上路赴吐蕃。迎请他的人与莲花生在芒域贡塘地方相遇,一路上他逢妖降妖,遇怪除怪。他利用密咒法威力将吐蕃的十二丹玛女神慑服,使其立誓不再作恶。在山南的鲁杜穹钦浦(即降龙金翅鸟窟)里修金翅鸟法降伏恶龙等。其实他以密宗的咒法收伏许多苯教神祇,将这些神祇巧妙地转化为佛教的护法神,而不破坏其传统信仰,因而赢得了普遍的敬奉信仰,这里寓意着苯教逐渐被佛教战胜。为了在吐蕃建立一个弘法讲经、传道授戒、翻译佛经的根本道场,莲花生和寂护大师被迎请到山南钦浦桑耶地方,莲花生大师择地修土地仪轨法,并作加持,寂护精心设计,赤松德赞亲自主持奠基,仿照印度丹达菩黎寺的造型,兴建了吐蕃时代第一座著名的佛教寺院——桑耶寺。桑耶寺第一层为汉式建筑,第二层为藏式建筑,第三层为印度尼泊尔式建筑,主殿三层代表须弥山。为汉、藏、印建筑风格融为一体的寺院,四方有四个殿,代表四大洲(南赡部洲、北俱卢洲、西牛贺洲和东胜神洲)。还有代表小洲和日、月的小殿,坚固的墙体环围,四角建有青、白、红、黄四大佛塔。整个建筑是按照佛教对世界结构的想象来建造的。佛寺建成后,还有赞普的几个妃子也分别建殿,由莲花生和寂护主持举行了盛大的开光仪式。由寂护担任寺院堪布,选了七名虔诚信佛的藏族人,由寂护任堪布,莲花生任密教师,与其他十二位印度班智达一起给他们授戒剃度出家,这就是吐蕃第一批出家的僧人,佛教史中称"预试七人"或"七觉士"。吐蕃有了第一批僧人,莲花生、寂护等印度高僧大德给吐蕃弟子们传授佛教密宗法的同时,还给他们教授翻译技能,建立了译经院,组织以白若杂那为主的108名译师和从印度邀请来的无垢友等通人证士,在莲花生大师的主持下,翻译了许多佛教显、密经典著作,普及了佛教教义,佛学讲修事业得到了全面发展。莲花生大师还为赤松德赞及王妃益西措杰等有缘者单独传授无上密乘八法、金刚橛及诀窍正见等教法;创建显乘经院及密宗道场,发展出家、在家两种僧团等,奠定了卫藏旧派密乘之基础。莲师在桑耶建寺传法时,赤松德赞王说:"大师,我身为贵

宁玛派

族王者,世俗事物繁忙,极分心,请传给我能迅速成佛的母子佛法传承和其注释、事业和其实修、观想次第和其教诫、增补羯磨和其要求,以及整个密咒的关键和其纲要,自利他利无所不包的妙法。"于是授予以藏王为首的君臣八人请求传给的全部灌顶。首先,在息静坛城前传给全部共通总灌顶。其后,莲师进入忿怒坛城时,君臣八人分别向坛城抛撒金花各十两,藏王的金花落在正中最上的坛城上,努·南开宁波的金花落在真实意坛城上,恩兰·杰瓦乔央的金花落到马头明王大坛城上,益西措杰的金花落在金刚童子坛城上,卓·华吉益喜的金花落在位呦噜迦的坛城上,白若杂那的金花落到强有力的大黑天之坛城上,朗·华吉僧格的金花落到普化鬼魅的坛城上。莲师随即如镜中影像一般示现一百二十至尊忿怒佛会的尊容,接着传授全部内外密灌顶和一般的正见,并加以解脱,使君臣八人的身语意转变为本尊神的身语意,令其成熟。

莲师给藏王单独传授密法——《八大法行·如来胜会》(由丹玛孜莽翻译、编排,分为续类、教言类和秘决类等),由于修持八大法行,藏王延年益寿,获得不可思议的功德。莲师在桑珠则(今日喀则市)的后山形若大象躺卧,在大象腰间肾脏部位下方有两处岩洞,莲师和益西措杰分别在岩窟降伏敌对的凶恶鬼魅,并加持大地具有不坏金刚的性质，继而较长时间在这里住修。莲师在此建造八大法行坛城，它是诸乘之究竟，佛教一切部派的意欲终极，此金刚乘更精粹，甚深密咒修证的生处。在八大法行坛城前莲师给益西措杰作了所化灌顶，集中传授甚深秘决精义。益西措杰将莲师所传诸法归纳为实修进行修证，作为修学佛道成正果者的显化行迹，地上冒出修道的圣水，举行八大法行灌顶的台子坛城等圣物至今尚存，并受膜拜。这两处岩窟世称八法行岩穴。据说，莲师曾多次在这里的岩窟中对一些具缘弟子完整而详细宣说甚深、圆满的八大法行等密法，使密法在年楚河流域渐次传播开来。

  法王认为将所学之法全部铭记在心并不困难，但考虑到将来，莲师授记说："未来佛法濒临毁灭时，贤侄和智慧空行母在南方镇肢寺大日如来佛像背后埋藏经函伏藏，当发掘伏藏的时间到来之际，王者本人前往取出。"莲花生大师为了在吐蕃广弘佛法，足迹遍布卫藏各地。他收徒众多，其中著名弟子有君臣二十五人。后藏有座汇聚妙欲之山，他曾带领二十五人登临此山的山顶，加持大地。其时，帝释天王带来盛满甘露的水晶瓶，献给莲师，请他品尝天神甘露之美味。大师加持用之不竭的甘露瓶，随即分发瓶中甘露给君臣二十五人，说："善男子，品尝天神的甘露吧！"于是该地以曾品尝天神甘露之味而得名"年"。其后，天神

宁玛派

的甘露增益，莲师和君臣二十五人携甘露瓶向宁金岗桑神山山顶浇洒甘露，使整座雪山都受到天神甘露的加持，于是世称发源于此雪山的大河为年楚河。又说，因其一直沐浴着天神的甘露，故名年色雄仁摩，即年楚河河谷的别称。还说，曾用天神的甘露遍浇此地雪山，莲师的亲炙弟子们大都得到过此甘露，它具有极大咒力，十分珍贵，成为求取的极品，因而莲师指定弟子托管。对凡是品尝过甘露水流的大师再传弟子之后嗣，人们尊为稀异族系年地年氏。这段神话色彩浓郁的记载说明了年楚河流域及居住在这里的年氏氏族的由来。

据说，莲花生离藏之前，将一些密宗法要和他的史传等多种典籍密藏在湖滨岩山之隐蔽处，以待后人发掘，发掘出来的经典称为"伏藏法门"，以后西藏出现了许多掘藏大师。莲花生大师在赤松德赞逝世之后，还帮助牟赤赞普治理朝政，制定法律，传授佛法。莲花生大师离开西藏后，前往遮末罗印度西方古国教化有缘者，被人们称为罗刹王、罗刹颅鬘大师等。

总之，莲花生大师在雪域做了著名的十一件大事，简而言之：1.利六道众生；2.做四十功德事；3.调伏魔天；4.修建寺院；5.翻译显密经典；6.创四大业绩；7.作二邪行；8.诅烧抛仪式；9.知四时；10.护秘籍；11.调伏印藏为恩人。

由于莲花生在西藏建寺教徒，弘传佛法，在佛教前弘期，为佛教在西藏扎根奠定了基础。藏传佛教宁玛派形成后，广大宁玛派佛教徒尊奉莲花生大师为宁玛派的开派祖师。在每座宁玛派寺院里都供奉莲花生大师的金身，其他教派也以他在藏弘法的功德而在自己的寺庙里塑造身像，以示敬仰。

莲花生的著作有《金刚护铠》《大小甘露瓶》《甘露藏精鬘》《日月和合探研》《医学·甘露瓶》《修道次第·智慧藏》《问年书》等。

巴果·白若杂那

—— 早期密宗大师

巴果·白若杂那，又写作毗卢遮那，幼名耿久塘达，于火兔年（727年）出生在西藏年楚河和雅鲁藏布江汇合的年麦（年楚河流域江孜以下地区名）桑嘎尔甲波玉瓦冬村，系吐蕃赤松德赞执政时期耿甲巴果家族的后裔，故以巴果为号。其父亲巴果·多杰加布，母亲仲萨卓吉。相传，他是无量光佛在人间的化身，故与佛教因缘极深。在幼年时，就显露出与一般孩子不同的一些异行，诸如一次无意之间在故乡尚喀日山下方的一块巨石上留下了清晰的小足印，人们见到后都惊叹不已，在学佛法时，对360种翻译法无师自通。父亲巴果·多杰加布去世后，由叔叔巴果·赫多抚养。后来举家从年麦桑嘎尔迁往尼木（今西藏拉萨西雅鲁藏布江北岸）定居，故有其出生在尼木之说法。

桑耶寺建成开光后，赤松德赞选拔了一批聪明伶俐的藏族青年，学习梵藏翻译，却因梵语不准确而未能如愿。

宁玛派

藏王正发愁之际，莲花生大师预示道：在藏地的尼木地方，一户姓巴果的家族中，父名巴果·多杰加布，母名仲萨卓吉，生有一个8岁的孩子，长大后将会成为精通梵藏翻译的特殊人才。藏王闻此预言，即刻起身亲自前往迎接，将耿久塘达接到桑耶寺供养了7年。期间莲花生大师在藏王的请求下，设坛城为君臣二十五人传授密法灌顶，白若杂那也是接受灌顶者之一。当二十五人向坛城投金花时，他所投金花落到大黑天的坛城上，以此现示他的本尊神是大黑天护法神。莲师的清净有缘眷属——君臣八人中，白若杂那是大黑天法之大德。他示现神通调伏世间所有傲慢的鬼神，具有役使他们的威势。为了开启其智慧之门，寺院举行不忘陀罗尼法事，为使其精晓翻译语法，15岁时，拜莲花生大师和堪布寂护为师学习声明，一学即晓，掌握了梵藏语法和翻译技巧，并在桑耶寺赤康林中从堪钦·香曲散贝受戒出家为僧。耿久塘达亦是赤松德赞时期最初奉命受戒出家的"预试七人"，又称"七觉士"之一。在莲师和寂护的培育熏陶下，他十几岁时就写出了《十万上师颂》一书，在该书的跋中说："小僧虽出生在吐蕃，却以正法而尊荣，没有不懂所知妙法的愚昧，通晓无边的深奥道理，智慧之水库深不可测，就连印度的班智达也很敬畏。这是因为我自几生以来，由于大日如来加持的功德，有神境通、他心通、知生死等神通法力，三世诸佛在心中显示意密，我无遗漏地洗濯上师和学者们的思想库，殊胜悉地任运而成，即将证得佛果，有着所谓最后轮回者的最佳感觉。"

这时吐蕃的佛教日趋完备，赤松德赞命堪布在寺内建立僧团，制定僧规，翻译经论，讲学修行。赤松德赞认为，在寺内仅仅讲授传播显宗经典还不算完善，须学习传播大乘密法，遂选派耿久塘达和藏勒智二人前去印度留学，学习密宗法。

白若杂那和藏勒智将行李及赠送给印度上师的黄金等物品驮在马上，赴印求师学习密乘法。到达印度后他们先后参拜了20位班智达学习密法，最后在大菩提寺密法造诣精深的室利僧哈尊前献上礼品，拜师求学。上师说："你二人悉心刻苦学习佛教密法，回吐蕃后大力弘传，将会对吐蕃的大乘佛教和芸芸众生有益无穷。"上师先给他二人传授二十五种密续法，后又讲授"八部密宗教言"，让他二人抄写后，反复修习，融会贯通。上师高兴地说："大圆满密法已全部授完，现在你们可以回吐蕃了。"又说："印度人对密宗十分仇视，为了你二人安全返回，我教你们学会'神行法'，可保无事。"藏勒智回吐蕃心切，不愿再学什么"神行法"，先独自一人回吐蕃去了，据说在关隘上遇害。白若杂那从师又学会了"神行法"，期间将所学密法全部写在贝

宁玛派

多罗树叶上,即成了贝叶经。他惜别上师,凭神行法通过了层层险关要道,安然回到了吐蕃。据说,他走后,印度的一些大班智达都做了一个奇梦,印度上空的太阳被吐蕃的一个僧人带走了,醒后即刻派人追赶,却无果而返。白若杂那成功地从印度班智达请得因乘妙法,从印度七位圣哲处请得果乘甚深七圆满法,尤其是从室利僧哈处获得了全部密法。

白若杂那回吐蕃后,将密宗经卷献给了藏王,藏王清楚地意识到,在佛教发祥地印度还有人反对传播大乘密宗法,在吐蕃一些信奉苯教的大臣更会仇视弘传密宗。于是他让白若杂那先将密宗经卷藏起来,在密室里翻译经典,等深夜后悄悄地为他传授《心部·十八子母经》之前五部分。不久,此事被王妃蔡邦萨梅朵仲发觉了,恰好这时一位从印度来的使者传言说:"你们吐蕃僧人从印度带来的不是正宗密法,而是一些外道的异端邪说,它将会给吐蕃带来灾难,你们杀了他,焚毁邪经,方保平安无事。"这个传言像一股扼杀密宗法的毒火,顿时烧遍了吐蕃王宫内外。当时反对密宗的有两派势力:一派是桑耶寺里请来的印度僧人,因为他们主要学习传播的是显宗法,莲花生大师也是先学显宗,以后才兼学密宗的。当时任桑耶寺堪布的寂护是学小乘佛教的,小乘佛教中只有显宗,没有密宗。另一派是吐蕃原始宗教苯教及其代表势力——苯教信徒和吐蕃的几位权赫势重的大臣,其中包括王妃蔡邦萨,他们给白若杂那加上了种种罪名,一致要求藏王将他处以死刑。赤松德赞虽然竭力提倡佛教,但这时听到反对白若杂那的呼声如此强烈,迫于种种压力,不得不让他转入更秘密的地方进行译经活动。

在尼木县向东一公里处的山坡上有一座白若寺(毗卢寺),是后人为白若杂那大师而修建的,故取寺名白若寺。据说当年白若杂那同赞普赤松德赞、莲花生大师一起到这里一面闭关修行,一面继续翻译密典。莲花生大师嫌修行洞过小,就又扩建了修行洞,他的修行洞在中间,白若杂那和赤松德赞的修行洞在左右两边。后来寺内塑供了马头明王、莲花生大师、赤松德赞和白若杂那几尊身像。另外在山南乃东县境内也有一处白若杂那的修行洞,据说他在此洞中住修了9年,留下了右手和左脚的印迹,这个修行洞与噶举派热琼巴的修行洞相距两公里左右。白若杂那翻译了《六十如理论简说》《无边光明佛号赞》《般若十万颂》《宝积经》,《大方广佛华严经》一百零八卷,《涅槃经》二百八十卷中的八十卷,《楞伽经》十五卷;在果乘密宗法类方面,翻译了《大丹陀》十八论中的十六论;在"子夜修习法"方面,翻译了大圆满、阿底瑜伽等密宗经典。后

宁玛派

来秘密译经的消息又被朝中的实权派们知道了,逼着赤松德赞杀死白若杂那。藏王无奈,只好采取了一个李代桃僵的办法,暗地里找了一个乞丐,让他穿上白若杂那的外衣,装入木箱抛于水中漂流而去。但这个做法又被王妃蔡邦萨揭穿了,那些反对他的贵族们知道后,更是不答应。赤松德赞不愿伤害白若杂那,但由于他年纪尚幼,实权掌握在信苯反佛大臣一派人的手中,他准备以流放的名义让白若杂那再次赴印,一面避难,一面继续学习翻译密宗。然而白若杂那提出了将他流放到嘉茂察绒(今四川阿坝、甘孜一带)地方,说那里是他有机缘的故乡。于是,赤松德赞将他流放到了嘉茂察绒地方。

据传,白若杂那去嘉茂察绒时带有一封藏王要嘉绒土王照顾他的书信,而反对他的蔡邦萨也有密谕寄到嘉绒土王手中。所以,他初到嘉绒地区时没有幸免嘉绒土王和苯教势力对他精神上、肉体上的种种折磨和摧残。据说曾将他投入装满青蛙的地牢里,企图以青蛙释放的一种毒素将其毒死,但他安然无恙。后又放进许多虱子和蚊虫去咬他,但由于他修法已深,洞中仍念经不止,说教不息,所以也奈何不了他。他过人的毅力和对佛的虔诚之心终于感化了嘉绒土王,于是放他出牢,并积极支持他在嘉绒一带建寺带徒,译经传法。据阿坝藏族羌族自治州编写的《藏传佛教史略》载：白若杂那曾在阿坝境内的黑水县兴建了德切朗寺（宁玛派寺庙）、松潘县修建了安宏寺，倡建了理县境内麻多山上的麻多降巴宁寺等，这些寺庙至今犹存。白若杂那在嘉绒地区的建寺、传法活动范围很广，大小金川、马尔康、阿坝、诺尔盖、松潘、黑水、理县，甚至波及到甘孜一带，在这些地方都留下了他的遗迹。如阿坝县哇尔玛乡、马尔康县卓克基乡、理县维关等地都有他的修行洞。人们用他的法号命名的地名、寺名、山名不少。卓克基乡的峰壁峡谷中有一处曲径通幽、雅致秀丽的山洞，名叫"白若杂普，"意为"白若岩洞"。洞内留有他修行时的面壁身影、掌迹，讲经说法时留下的脚印及靠头卧睡的痕迹。洞口建有古亭庙宇楼阁，至今香火不断。金川的墨尔多神山，据说有人工开凿和自然形成的岩洞108处，在许多洞里都留下了白若杂那学法修法的手印、脚印和身迹。他在这里讲经著述，据说还埋藏了一些经典。在《墨尔多神山志》中就有桑杰领巴活佛从这里掘出关于白若杂那赞颂神山的祈祷文的记载。在嘉绒地区处境十分艰难的情况下，他还坚持翻译了《大圆满阿若续》和《金刚桥续》等密典。

从上述记载不难看出，白若杂那被流放到嘉绒后，所到之处讲经传法，收徒建寺，著书立说。关于他的学识和功绩，在嘉绒地区至今广为传颂，民间信徒奉他为"点燃

宁玛派

东方（康区）佛教明灯的圣人"。在一些宁玛派寺庙里除供有莲花生大师塑像外，也供奉他的身像。在桑耶寺有白若杂那的壁画和他的简史。在后藏日喀则东边吉德布山谷上部有他少年时潜心修习的洞窟。

白若杂那不仅精通密宗法，还通晓梵藏翻译、医学、历算、工巧明等学科。翻译著作有《佛苯混合史》《历算医药杂记》等；医药方面的专著有《除暗明灯注释》《医法月王论》（大乘和尚同译)、《多种医疗法秘决》等；辞书有《梵藏词典》。大译师洛丹喜饶在赞颂前弘期诸译师时说，白若杂那的意境和学识就如天空那样宽阔，噶瓦拜则和觉若·鲁坚赞好似太阳与月亮一样，仁钦桑波像黎明的灿星。然而白若杂那却谦虚地说，他只能像一只萤火虫。

在《五部遗教》的"王妃遗教"里另有记载，其大意为：白若杂那大师从印度学法回到吐蕃后，欲去内地，赤松德赞不高兴地说："可以让其他人到内地去，我吐蕃人才奇缺，你还是安心译经为好。"于是白若杂那在桑耶寺与其他译师共同译经。一次，王妃蔡邦萨密召白若杂那进宫，设法支开藏王及随从，在密室中，想用美人计使他破戒，败坏其多年修行的功德。然而白若杂那对世俗毫不动心，蔡妃纠缠不休，并不顾廉耻地将他抱住不放。白若杂那突然灵机一动，对蔡妃说："外面宫门未闭，恐下人看见不雅，我去闭了宫门,再来和你相会如何?"蔡妃信以为真,遂放他去,白若杂那乘机潜逃。这下惹恼了蔡妃,一计不成,又生一计,造谣说佛教密宗大师白若杂那在王宫调戏王妃,闹得满城风雨。不明真相的人在诅咒他,王宫卫士在追捕他。

白若杂那逃离王宫后,知道此处不是久留之地,便飞快收拾经卷遁往他方。对白若杂那调戏蔡妃一说,赤松德赞将信将疑,他知道白若杂那的为人,也知道王妃和一些大臣串通一气扶苯反佛,就秘密派人去查访白若杂那的下落。不久蔡妃患了麻风病,日趋严重,到处延医诊治不见效。后来经过打卦问卜,又问请莲花生大师,都说此事只要蔡妃心生忏悔,改邪归正,将白若杂那请回来,当面承认她非礼的放荡行为,得到白若杂那的宽恕,方可消除病患,恢复健康。赤松德赞将占卜者和莲花生大师之言给蔡妃和盘托出,要她招认。蔡妃一来心虚,二来为病魔所苦,含羞地将经过如实讲了出来。赤松德赞一听,又愧又气,悔之莫及,就按莲花生大师所指点方向,请回白若杂那,治好了蔡妃的病。蔡妃惭愧认错,决心皈依佛门,从此虽有苯教势力的反对,但在赤松德赞的庇护下,白若杂那专心致力于密经翻译。其卒年不祥,据说吐蕃王朝到了赛那勒(赤松德赞之子)继位时,白若杂那、无垢友等名僧都还健在。

后人为白若杂那总结了十一条俱具神通,称十一正:

宁玛派

1.知前后世,为众生谋利益是具菩提心正;2.获奋力难获之教授,是化身正;3.地理不熟,年仅15岁由藏抵印,为具眼天正;4.途中野人猛兽并未加害其身,为轮回不转之象征;5.以三日程走完印度到西藏间的六个月之程,为神足通之正;6.投入蛤蟆、虱子牢中虽噬而无损,为获忍耐精进之正;7.教授之法一闻即通,为见法性真谛之正;8.经过四方,即通翻译,为净除二障之正;9.闻天竺众智者之所有教授,为证得解脱神通之正;10.思佛陀名号即解一切乘,为世尊赐教之正;11.具神变四力,为德十地菩萨之正。

拉隆·贝吉多杰
——佛教的卫道士

宁玛派

拉隆·贝吉多杰,约8世纪时期人,他是前后弘期之间的一个佛教界重要人物。与莲花生同时代。

他为了维护佛教,为不使佛教在藏区根绝,不得不开杀戒解脱禁佛灭法的藏王朗达玛。因他的护法功绩,藏传佛教各教派都为他树碑立传,载入各教派的教派史中。在《娘氏宗教源流》中就有他的详细记载,拉隆·贝吉多杰是西藏如日扎堆贡茂齐地方人,俗名达尼桑。青年时为守卫印藏边界去当兵,学会了武术,善舞刀剑,善骑射,曾在战役中打过胜仗。后来回到拉萨,因厌恶世俗而同两个兄弟一起拜班钦·布玛拉米扎为师披剃出家,赐法号贝吉多杰(吉祥金刚)。莲花生大师应邀来吐蕃后,从大师受比丘戒,学到了许多密宗方面的经典和秘决真言,是莲花生大师二十五位高徒中的第二十三位,同时又是涅钦·益西元努译师的八大弟子之一。后从汉地米扎班智达和著名译师嘎巴贝邹攻读显密诸论，成为一代佛学大师。因他长期在叶尔巴岩洞和拉隆地方修习密宗法而被人们尊称为拉隆·贝吉多杰。后来人们在其修行洞的基础上修建了拉隆日绰山寺。

当他正专心致志地修法之时，听到了赞普朗达玛禁佛灭法的一些消息。据说一天深夜，有大昭寺的护法神吉祥天母化作一妇人模样前来点化道："当今吐蕃学法的僧人甚多，但真正修有成就的只有你一人，朗达玛禁佛灭法，天怒人怨，解脱他的时机已到，你赶快动身，我将会暗中助你。"醒后他又对赞普产生了大悲恻隐之心，不忍心马上去解脱他，转而一想，他禁佛灭法的举动达到了惨绝人寰的地步。毁寺弃佛，逐僧焚经，是可忍，孰不可忍。于是他为维护佛教而萌发了解脱赞普的念头，想方设法，找来一匹白马用焦炭涂黑，准备了一件外黑里白的披风和一顶外黑里白的帽子，将脸涂黑，怀藏弓箭暗器，骑马前往拉萨。到拉萨后见一人便问："你知道赞普王在哪儿吗？"那人向大昭寺方向指道："赞普正在寺前观看唐蕃会盟碑文呢！"于是他来到赞普面前，佯装顶礼的样子，默祷自己的本尊神，从袖中抽出弓箭，行第一礼时搭箭在弦，行第二礼时开弓，行第三礼时箭射赞普额头（有说箭中胸部），然后乘骑逃走。赞普双手拔出额上之箭，顿时流血身亡。大臣们派遣骑兵

宁玛派

四下追捕刺客。拉隆后面的卫兵紧紧追赶,危难之际,追兵看见四个骑黑马的黑衣黑帽士向四路逃去,卫兵分四路追杀。据说,其他三位黑衣士就是吉祥天母护法神的化身将追兵引开。拉隆·贝吉多杰乘混乱之际,将衣帽翻过来穿戴,渡拉萨河时染黑的马和脸被河水冲洗干净,又完全变成了白马白衣白帽士。他口称"我是白魔天神"而遁去。追兵未识破,只好空手回去交差。王朝内有人怀疑此事必是拉隆·贝吉多杰所为,派人到叶尔巴岩洞去查寻,此时拉隆·贝吉多杰在洞中假作入定之相,抓来一只鸽子使洞内尘土飞扬,又让虫蚁在尘土上爬行。众人看见这种迹印,认为不会是拉隆·贝吉多杰所为,于是返回。其中一个有心机的人悄悄来到洞中,把手放到他的心口上,觉察到他的心还在剧烈地跳动,说:"本来坚密,此处不可越。"说完这句隐语就走了。拉隆大为恐惶,意识到此地不可久留。于是他骑马翻山越岭,历经艰辛来到安多地区。最初在青海尖扎的洛多杰扎(金刚岩洞)的岩洞中隐身修行,忏悔杀人之罪过。洞前草坪上置有刺杀赞普朗达玛的弓箭,后来僧人在弓箭上面堆石建成一座本康(意为万佛塔),煨桑顶礼,以示对他的敬仰和纪念,洛多杰扎岩洞也成了佛教圣迹,至今还有僧尼在那里建寺住修。

　　拉隆·贝吉多杰听说西藏三贤哲在距此不远的阿琼南

宗修法，遂来会晤，畅谈解脱朗达玛的经过。为了纪念这历史性的会晤，后人在他们会面的山峰上堆起六字明咒的嘛呢石，栽了三棵松树。会面不久，拉隆到南宗峰西约半公里的阿峰山顶的夏玛隆洞中潜身修行，暗中保护三贤哲。当西藏三贤哲为给喇钦·贡巴饶赛授戒去请他时，他说："我是杀了昏君的僧人，不可给人授戒，不过我可以找比丘僧替你授戒。"便从青海化隆东部的提巴庵请了两位汉族比丘僧，凑足五人之数给喇钦授了比丘戒。拉隆·贝吉多杰后来又到拉日玉措湖（意为仙女湖，今孟达天池）之东日山下的岩洞中静修至圆寂，以后人们称该洞为神仙洞，这里常有佛教徒来顶礼膜拜。据说，拉隆在这些地方培养了许多佛教弟子。

喀卓·益西措杰
——吐蕃修密女高僧

吐蕃赞普传到第 38 代赤松德赞时，境内佛苯之争比较激烈。赤松德赞年幼即位，其实权掌握在信奉苯教的大臣手中，于是发生了吐蕃佛教史上第一次禁佛事件。赤松德赞自幼信奉佛教，但面对强大的反佛势力也显得无能为力，将公开译经转为秘密译经，后又将译经大师分散到各处去避难。他成年执政后，剪除了信奉苯教的权臣，又开始翻译佛经，请许多印度高僧和班智达到吐蕃译经，弘扬佛法，据说，他也成了受戒后的一位藏王。藏族史上将松赞干布、赤松德赞、赤热巴坚三人称为"三大法王"，他和寂护、莲花生称为"师君三尊"。他一面执政，一面学习佛法，在他的影响下，他的几位王妃也信奉佛法，开始习经修密，随之在吐蕃出现了一些学习佛教的觉姆（尼姑）。喀卓·益西措杰就是其中修法精深的女高僧之一。

喀卓·益西措杰，又名喀钦萨措杰，8 世纪时人，出

宁玛派

生在雅鲁藏布江北部喀钦扎地方(今西藏山南扎囊县境内)，父亲南喀益西，母亲努毛格哇本，系喀钦姓氏。成年后被迫入拉萨藏王宫中，成为赤松德赞的妃子。莲花生入藏后，为赤松德赞传授灌顶，同时还为包括益西措杰在内的君臣二十五人设密宗坛城进行灌顶，君臣八人分别向坛城抛撒金花各十两。益西措杰的金花落到金刚童子坛城上，表示与金刚持佛有法缘。因赤松德赞王获得了莲师的密法传授和密法灌顶，为报答传法之恩，因而将与密宗法有奇缘的益西措杰送给莲花生作明妃。一些臣民对此不满，说："今天他把王妃夺走了，说不定哪一天连王位都会夺走。"赤松德赞见此，只好请莲花生回印。后来据说她和莲花生第一次单独见面时，手中的鲜花不知不觉地落到身旁金刚坛城的金刚橛上，亲眼见到金刚橛本尊的圣容。莲花生亲自给她传授了密宗法，在莲师的众多弟子中，她是获得密法最全、最多的一位。她自幼聪明好学，因慧根早发，学习经典时，略加指导便立解其意。她口才流利，学识渊博。由于她通晓密法，与佛有缘，莲花生特意为她灌了顶。传她修习了起死回生法后，能将死人复生。相传，一位名叫夏达的反佛恶臣死后被关进地狱，她用法力使他超脱。

益西措杰执着求法修习，曾到尼泊尔学法修法，在那里颇有名气。她的足迹遍布25座雪山、126处大小寺庙、静修道场（包括尸林）和深山老林，不畏艰险，苦心修炼，最后达到可以不穿衣、只喝水，不吃食物而仍能维持生命的境界。

益西措杰在西藏日喀则拉孜县境内的觉木地方修了一座小寺庙作为修密禅室，藏传佛教的女尼修寺参禅即始于此时。据说，她所培养的女尼有1000多人，修习有成就的达几百人，其中著名的有100多人，有成就者5人，有7人的佛法与她不相上下。她给弟子益西俄布、索雅塘加、贤秋多吉、强秋卓玛、达恰多吉巴吾、多吉措姆等传授了《女尼耳传秘诀百法》《双运修持法》《观修大手印》等密宗修持法。在卫藏有许多她和弟子们修建的禅室，为佛教在吐蕃弘传做出了一定的贡献。据《郭扎佛教史》载，她在世200年来，为卫藏的众生做了许多善事，最后连遗体也没留在人间，而是去了喀卓桑朵吉祥神界，所以人们尊她为空行母，名为喀卓·益西措杰，意为"空行慧海王"，在许多寺庙中供奉有她的塑像或画像。她为后人留下了许多著作，多系口授手抄的秘籍，因当时不宜宣示传播而埋藏于地下，后成为宁玛派的伏藏。宁玛派和噶举派的掘藏者自称通过她的指引，发掘了不少伏藏。据《墨尔多神山志》记载，在四川康区墨尔多神山的洞窟中由她和白若杂那指导发掘出对莲花生的祈祷文等伏藏文献。宁玛派形成

宁玛派

后奉她为宁玛派最早女密宗大师和具足成就的女高僧,莲花生大师对她也作了很高的评价,据《母亲的知识·益西措杰之悟》中说:"了不起的女瑜伽修行者,密宗教义的实践者!人生是觉悟之本,并无男女之别,若要倾心于悟性,则女身更佳。现你已完美无缺。一个杰出的女性!一个女菩萨!"据传她是妙音天女的化身,是莲花生大师在藏地埋藏十八种伏藏法的钥匙。

喀卓·益西措杰漫长的一生,是传奇的一生,也是神秘的一生,她的传奇故事在西藏广为传颂。

涅·扎那古玛拉
——八世纪旧密初传大师

宁玛派

涅·扎那古玛拉，又名加白洛哲或涅洛益西宣努，意为"涅译师慧童"，系西藏古代姓氏的涅氏，其父亲涅·达扎拉昂，母亲斯仲吉。约8世纪上半叶人，与赤松德赞同时代，生相轩昂，脖颈生有黑痣交杵金刚，十分奇特。该师为旧密乘三传者之初传者。幼时拜波德萨达为师出家为僧，后又从该师受具足大戒，学习密咒法，翻译了许多显密经论。印度班钦毕玛拉米扎到西藏后，对玛·仁钦却和涅·扎那古玛拉二人传授了幻化密咒，其后又传授给很多弟子。他又从毕玛拉米扎、白若杂那、玉扎宁波等印藏大师学习"佛语四汇流"，即："经典正文流及注释之总义""耳传教授流""加持灌顶流""事业成就实践四种旧密法流"，尽得其传，并融会贯通。他和莲花生大师是同时代人，他虚心地向莲花生大师求教而获得了许多妙法，同时，莲师还为赤松德赞和涅·扎那古玛拉传授了四智者之教诫、灌顶教授等,这在后藏的芒噶尔、拉雅洛绛、金沙江流域、彭波岗等地十分盛行。又有大师达那若支达给尼泊尔达玛波德传授了根本续和注释,他又传给勃律的措如切赞吉,并翻译成藏文。涅·扎那古玛拉给译师白若杂那和玉扎宁波二人传授了"大圆满心要",从他们传下来的称为"心部"。其后白若杂那又给旺米盘贡布传授了空行母金刚乘教法,由此传下来的叫"空界部"。大师毕玛拉米扎对藏王赤松德赞和年当增桑布①二人传授"大圆满心要",后由隆钦饶绛巴发展了此传承,称为"隆钦空界精义部"。

据《教派论·晶镜》和《郭扎佛教史》载"涅·扎那古玛拉是一位具有幻化神通之人",他的一生充满着传奇色彩。他从毕玛拉米扎学习密宗幻化术,主要修习《金刚橛修法》而获得极大成就。在藏王赤松德赞时期,修学金刚乘的人不少,也出现了许多获得成就的大师,有的人能现示空中飞行、入岩无阻、入水不沉等特异功能,涅·扎那古玛拉即为其中获得成就的大师之一。他运用幻变术和金刚橛法在西藏除恶扬善、抑邪扶正的传奇故事不胜枚举。如他修习甘露功德坛城成熟法后,在雅隆协吉岩石处出现了修行功德水。又如,一次他骑着马向前藏方向奔驰而来,正好与一个赶着一头梅花鹿的人相遇,因马惊而吓跑了梅花鹿,那个赶鹿人大怒,赶来要杀他,但刹那间眼前的人马突然消失,这可能

宁玛派

是他运用了幻化隐身法或障眼法的结果。

涅·扎那古玛拉从许多与佛陀无别的大班智达和成就大师学习声明论、法相学、内外密法,成为学识渊博的大德,又跟一些翻译大师学习梵藏翻译,译出了不少经典著作。如曾师事印度圣哲毕玛拉米扎,听受了上师宣讲的司智者之教诫、灌顶、教授等法后,翻译了《甘珠尔》和《丹珠尔》中的许多篇章,他曾师事印度圣哲毕玛拉米扎,获得生圆次第的甚深肯綮,翻译了毕玛拉米扎所讲授的全部甚深法门。由于受教幻化、金刚橛、宁提、阎摩敌等宁玛派全部教法的甚深精髓,所以他本人在各类妙法传承之列。后来成为精通经幻心三部(即:《经部·密意集合经》《续部·幻网经》《心部·十八母子经》)的密教之主。由于他弘传经幻心三部密法,培养了许多著名弟子,其中索波贝吉希、扎贝吉宁波、拉隆·贝吉多杰、俄占贝吉元努、年贝央、次那益西贝、欧巴德沙、唐藏·贝吉多杰、杰帕巴喜饶、呼苏古却等最有成就。

涅·扎那古玛拉大师长期学习密法、翻译密经,修习耳传金刚法、秘决部而获得了悉地大成就后,身发光明而示现圆寂。后来宁玛派形成后,宁玛派高僧大德们奉他为旧密初传者。

注：

①年当增桑布：吐蕃王赤松德赞儿时侍童，后出家，修定七年，得神通，称"天眼年僧"。印度佛学家毕玛拉米扎，授予其全部心要教言，为赤松德赞和热巴坚两代王的大喇嘛。曾于乌如地方建夏寺，治理其地，并立碑志，朗达玛时遇害。

努·桑杰益西
——旧密法中传大师

努·桑杰益西，吐蕃赤松德赞和赤热巴坚在位时期著名佛学家，也是一位密经翻译大师和密法高深的密宗大师。据史载，他与印度高僧寂护和邬坚莲花生大师是同时代人，又据《藏族史年鉴》载，生于木鼠年（844年），卒于火龙年（956年），享寿113岁。

努·桑杰益西，是后藏仁布一带人，"努"为吐蕃一氏族名，当时主要聚集在仁布一带。他的父亲是努·萨贝旺徐，母亲青毛扎西措，幼时给他取名多吉赤祖。7岁时跟沃占贝地方的循努上师学习文字拼读，不久便掌握了藏文的书写和《三十颂》文法，并能流利地朗读藏文经卷。从堪布波哈达萨达出家受戒，赐法号桑杰益西，意为"佛智"。巴苏哈拉上师来桑耶时，他带了三两黄金作为谒见礼献上，从师听受了几种密法。巴苏哈拉回尼泊尔时对他说："以后到尼泊尔来找我。"因此从小就在他幼小的心灵中产

宁玛派

生了去印度、尼泊尔求学的念头。之后从轨范师白玛学习八部密宗修法，白玛上师给他作了修法八部坛城密法大灌顶，经修习证得了悉地成就。他将变卖家产的50钱黄金带在身上前往印度、尼泊尔拜师学经。首先在巴苏哈拉上师处学习密续法和密宗诀窍多种，并学会了印度梵文和兰札字，为以后的译经打下了基础。他先后在印度、尼泊尔、勃律[①]等国广参名师，学习国外佛教经典，尤其专修密宗法。在印度从轨范师却嘉君学习经藏教言，从密咒师若乌古雅哈学习密咒法类。在勃律从勃律大堪布迦赞杰学习了全部密集，成为通达者。回吐蕃后，在桑耶寺加入译经师的行列。当时反佛空气相当浓重，他想找一处修行圣地修习密法，令他无法理解的是，就连他同氏族的几个人也出来伤害佛教。为了维护佛教，他一怒之下用密咒夺取了两个反佛侄子的性命，过后他也十分懊悔，在静修中忏悔自己的罪孽。

后来从印度、尼泊尔等国迎请了12位大学者来吐蕃弘法译经，他又从几位上师学习密法和翻译。这些大师返回印度、尼泊尔时，他又随师去印度。朝礼金刚座寺时，他为金刚座寺作积资粮供，这时一枚九尖金刚杵自天空落到他前面一尺多的地方，他两次伸手都没有抓到，第三次用大拇指和无名指拿起一看，是一尊金刚手佛，便用佛金身作了灌顶，九尖金刚杵便成了作灌顶的圣物，从此随身携带。据说，此圣物现在在嘉绒的一尊强巴佛像的心间供奉着。桑杰益西曾先后七次赴印度、尼泊尔、勃律等国，在那里从师闻习了正法教言和旧密佛法，号称是融旧密集经、幻化、心品三种教法传承于一身的权威。一次他在印藏边界的一个名叫多杰泽那的修行岩洞中拜会了莲花生大师，两人见面后谈论十分投机，且又都是密宗道友，便在这里跟莲花生大师闻习了许多密法教言和幻变法。然后到寒林、海岛、雪山、密林、荒无人烟等地方修炼正法。相传，他亲眼见到了无数本尊神的圣容，曾和一些龙王、罗刹等对过话，他们还给他送了用婆罗门女人的头盖骨作为成就悉地的生起物，以及具有文殊阎罗的教法。当然在他的一生中是掺杂了一些传奇色彩的，作为一个神通广大的密宗大师也就不足为怪了。后他又到吐蕃的周吉央宗、尼洋地区的多杰仲乌、后藏的旁沃日波且等圣地静修，获得了未卜先知和幻变无碍的大神通。有关他在尼摩协喀被匪兵围困，用金刚杵退敌、用神通法力摧山为灰等传奇故事甚多，不再一一赘述。

后来，他在周吉央宗圣地修密法时，听到朗达玛禁佛灭法之事后，又产生了用密咒将灭法赞普解脱之念，当听到拉隆·贝吉多杰已将赞普解脱的消息后，将一些密咒埋入地下。他有许多弟子，其中有证士弟子1人，名叫云丹

宁玛派

嘉措;心传弟子4人,即索·益西旺秀、巴果大臣帕巴、安·云丹却巴、斯勒巴的仲玛。他生有两个儿子：长子益希嘉措,次子白马旺嘉。他的具体生卒年不详,史册中只记载他享年113岁。后来努氏家族逐渐繁衍到康区和安多一带,他的后裔努·拉西贝吉旺徐,就出生在多麦地方,后在青海化隆丹斗寺从喇钦·贡巴饶赛学习佛经,成为喇钦的十大弟子之一,为在多康弘扬下部律经做出了贡献。另据《热贡政教史》记载,青海尖扎古浪一带的藏族中大多系努氏后裔。

注

①勃律：古西域国名,分大勃律和小勃律。大勃律在今克什米尔巴尔蒂斯坦,小勃律在今克什米尔吉尔吉特。唐开元中,先后册封大小勃律为王,开元初小勃律王入朝,唐以其地为绥远军。天宝六年（747年）安西副都护高仙芝至小勃律,唐改其名为归仁,并置归仁军。大、小勃律亦有佛僧。

大索尔·释迦琼乃
——旧密法后传大师

宁玛派

大索尔·释迦琼乃,是宁玛派大师"三索尔"之首,也是旧译佛经第三代传人,于藏历第一饶迥前二十五年的水虎年(1002年),出生在康区名叫雅宗或耶茂的地方。据说,其母怀孕时,他的父亲做了一个奇梦,梦见一千辐金法轮落到他的手中,观音大师化于他母亲的体内。父亲意识到他的孩子可能是一活佛的转世,于是孩子出生后取名释迦琼乃。年幼时,父亲给他教会了藏文拼读书写,又讲授了幻化和秘决方面浅显的经法。后在喇钦·贡巴饶赛处受了具足戒,在家当比丘僧但未娶妻,因此无子嗣,俗称索波且,即大索尔,"索"是家族名。

释迦琼乃曾跟随许多上师学习旧密。从麦巴活佛仁钦嘉措学习唯识派的三相、光明幻网、密宗的秘决道等。在《郭扎教法史》中说:"脉风当马骑,脐轮火当衣穿,教言为友作指导。"这是他修密的实践方法。之后在信士的带领下经过多康，接近西藏的当雄时，因道路不熟而迷失了方向，传说有两位圣童从空中的云隙中给他们指引了前往西藏的正道。到雅隆那毛隆修习事续法之时，感受到了大乘无上密法的滋味，渐入了取舍勤奋修法之道。在卫藏从格贡寺的杰·释迦却学到修药甘露法；从却隆寺的娘·益西郡乃大师学习幻化、心宗法；从裕色寺的年纳旺札和杰·释迦坚赞二师求得密法灌顶、方便道；在桑耶寺钦浦静修地从绒·释迦琼乃闻习真实法类；从陀拉·南喀德学习经教、大圆满秘决、方便道等；到娘多寺从哲·措穹瓦求得空性和任运成就的讲释；从徐端·索南闻习全部经教；又先后在冬察相曲、嘉端洛哲、嘎朵·益希宁布等上师处学习了经教、灌顶修法、密续注释等许多密宗经教。他善于分析本续和释续，综合本论和释论，贯通密宗教义于修法之中，综合修法和仪轨，向弟子们作系统地传授。他将旧密的教义和教法归纳综合为《根本续》《自释续》《他人注释》和《修行法》，这些分类典籍既是宁玛派的基本理论，也是僧人学习和修持的实用书，从此，宁玛派才有了较为系统的教授。于是，前来求学密续的僧人络绎不绝，他对来者必授，绝不推托，许多人拜他为师，所以弟子日众。大索尔为了获得伏藏，派人到处去问寻。他们来到桑耶附近询问时，一老者说："此山上好像有，有时听到山中有铃和鼓的

宁玛派

声音。"桑果等人按所指的方向去寻找,果然在一山洞中掘出18箱伏藏。绒·释迦琼乃说:"这是有缘者才能掘取。"桑果等人获得了自他十二坛城法、金刚橛合修法等62种坛城灌顶的密典和教言,驮运回来,作为珍品收藏。

后来大索尔·释迦琼乃到牛古垄寺向卓弥·释迦益希求学密法,卓弥像他的上师一样,收徒传法,都要收取黄金,因此对大索尔说:"我准备寄黄金供养我的班智达上师,你给我一些黄金,我才能将甚深教法传授予你。"大索尔同意卓师提出的要求,便组织侍徒们采挖黄金。他向侍徒们作交代说:"距离此处不远的一山洼里,有天然生成的黄金,采挖时到非动物形状的金块跟前,所得黄金都可受用。"侍徒们按师父的吩咐去采金,当采到一袋黄金时,发现了一块蛙形金块,即刻停止。于是,他向卓弥上师供献了100两黄金,卓弥译师给大索尔传授了不可思议的密法。他学到许多密法教授后,找了一处僻静之地去修持,他的弟子们陆续来到这里。他对弟子们说:"你们到这里除求学菩提外,并非为修持而来,这样对谁也无益。还是放弃世俗事务而专注于修习,才会利他利己。我也在潜心修法啊!"有一夜,梦中见空行母前来点化,要他去一处名叫乌巴隆的地方,将会对弘传佛法大有裨益。醒后按空行母所说的方向找去,来到达那隆哇(班塔马河谷内香曲河进入藏布江的河谷口），在山崖上有乌巴（藏语，即鸱鸮鸟）的巢穴，崖下有洞，他便住在洞中修行。由此人们又将大索尔称乌巴隆喇嘛。日久天长，他深感这里生活来源匮乏，准备动身到别处去。相传，有土地神现身说："请不要到别处去，你们的生活由这里的头人作供养。"于是他答应暂住。有一次，达那一富户的主人生了重病，到处延医无效，去打卦问卜，卦师说："去请求乌巴隆喇嘛作加持，病会好转。"病人到乌巴隆喇嘛处加持治病，乌巴隆喇嘛设曼荼罗会供，进行诵经加持，当解制会供后，病人也就从病魔的折磨中解脱了出来。于是在富户的支持下，乌巴隆喇嘛在这里奠基，修建了一座寺庙，取寺名乌巴隆寺。佛殿中塑供了许多佛像、神像、佛塔，添置了佛教经典，讲经和修习蔚然成风。大索尔·释迦琼乃创建了寺院，为弘传宁玛派密法奠定了基础，他的养子小索尔·喜饶札巴弘学习之风，卓普·释迦僧格发展寺院，这就是乌巴隆寺的传承。

时隔不久，又在有一龙泉的香达白钦的河谷口处为基地作了加持，修建了白钦寺，让龙王兄妹作该殿的护法，并在这里修建了讲经院和修行院。后来，又有尼日南麻的雍仲扎西夫妇二人，家庭殷实，但无子嗣，想办个法会，积善修福，即招来村民和附近人士，向大家问道："大师中哪一位最贤？"有的说密修士为贤，有的说持戒高僧为贤，

宁玛派

有的说苯教师为贤,众人意见不一致。女主人说:"我有足够的资财,把三位都请来吧!"于是迎请了密修士释迦琼乃、苯教师格哲、持戒高僧曲弥让摩瓦。三人都说:"欲要弘法,首先要修讲学殿堂。"便同施主一起商议建殿之事。密修士说要在殿中塑金刚萨埵之像,持戒高僧说要塑释迦牟尼像,苯教师说要塑辛饶祖师像。结果,只好各修各的殿堂和塑像。此时,卓端巴头人将卓普一块地方献给释迦琼乃,他便在这里修建了以三世佛殿为主的殿堂8座,其中有佛殿、讲经院和修供殿等。佛殿因建在卓普的地方上,因而取寺名为卓普寺。从此,他便在乌巴隆寺和卓普寺讲经传法、修持密法,故他的别号又有乌巴隆巴之称。他主要修习"幻化"法为主密法,所修功夫很深,据说在修行洞中留下了他的面壁身影,在修供殿近旁的磐石上留下了足印。他将学到的许多宁玛派教法广泛传授给门徒。他的弟子很多,相传有108人能够独立修习禅定,其中有四大高足。这四位是:具有正见密意的小索尔·喜饶札巴,成为讲说"幻化"的唯一弟子宛南哲寺的木雅郡扎,具有善知识的弟子热萨寺的香国琼瓦,成为修行的弟子措尼寺的桑贡喜饶嘉波。最后他将寺院交给小索尔·喜饶札巴住持,三索尔传承自此开始。藏历第一饶迥之水虎年(1062年),释迦琼乃圆寂,享寿61岁。

小索尔·喜饶札巴
——宁玛派『三索尔』第二代大师

宁玛派

小索尔·喜饶札巴,是一位获得大圆满成就的大德,宁玛派三索法嗣第二代传人。其父图巴贡钦,意为修道士,据说是一位行乞僧人,在《青史》中记为此人是他的祖父,而在《郭扎佛教史》中说就是他的生父,人们称他为"朵乌",意为"乞丐",母亲觉喜拉吉。喜饶札巴于藏历第一饶迥前十三年的木虎年(1014年)出生在中区前后藏四翼之一的也如地方。7岁时学习藏文写读,9岁学习静猛事业法,以吟诵方法而熟记心中。他自幼酷爱书籍,做梦也想得到喜欢的书,据说一次在梦中确实得到了一本书,他高兴极了,津津有味地读了起来,正读时,有一尼姑跑来说:"地里落满了鸦雀,你还躺着干什么?"他惊醒后,发现是一个空欢喜的梦。13岁时被家人领着来到乌巴隆寺,拜见乌巴隆喇嘛,喇嘛问他:"你是哪一族姓?"小索尔的脑海里一闪念想:"要是说出跟上师同姓,上师会因忌讳而不高兴吧。"

便答道:"小索尔。"问:"你喜欢出家当僧人吗?"答道:"喜欢。"上师见他聪明伶俐,是一个与法有缘之人,就说:"那么我就收你为徒,好好学经吧!"后来因上师和他同一族姓,又因上师无子,故收小索尔为养子。起初小索尔因家中贫寒,衣食无着,常常捡食寺院供后扔掉的朵玛。朵玛是用糌粑和少许酥油捏成的一种供神佛的祭供品,供后被扔到房顶或寺外,常被狗或乌鸦吃去。其他僧人见他吃朵玛,到师父那里说:"喜饶札巴沾酒食,我们僧人是不能饮酒的啊!"上师听后将信将疑。一天,他打发小索尔去砍柴,在小索尔的住处翻找所说的酒食之物,结果除一点朵玛外,别无他物,上师见后心中也十分难受,从此更喜欢小索尔了。上师对他说:"要学经,首先要有生活保障,不然,如何能坚持下去啊。我这里也不宽裕,有一户人家,只有母女二人,家中较富有,你去跟她们一起生活,一方面解除了她们无继承人的后顾之忧,另一方面,保证了你学习佛法的条件,你看如何?"小索尔一听,分明是师父让他到她家里去当女婿,他坚决不同意。师父又说:"我不是让你到那里去待一辈子。等你摆脱困境后,可以回寺继续当僧人,学习佛法,释迦佛祖在年轻时候也有妻室,后来才离家学法成佛的啊!"听了师父的教导,才同意到那里去。他在那户人家很勤快,一边干活,一边学经,博得母女欢心,求得资

宁玛派

财和经典。

后来上师召他入寺,正式从师学习佛法。他一边聆听讲经,一边在垫子上修持,进步很快。师父将所有密法皆传授予他,他智慧广增,修持有素,一学即悟,出现了几种不同的感悟。一次,小索尔·喜饶扎巴在上师门旁的一佛塔处,绕塔巡礼,上师发现他的双脚不触地面,离地面一尺左右高而行走,上师惊叹不已,认为他不是一般的活佛。从此,上师释迦琼乃特意培养他。他经过实修,修炼的功力,与上师的修悟意境一般无二。有一次,上师在静室中修法时,对四位正修法的高足说:"现在你们比试一下所修的功力吧!"四位弟子按师父之意,盘膝跏趺入定,其他三位意念生起如山不动般稳固,而小索尔则盘膝从坐垫上跃起一米高,离静室而去。上师命一侍从说:"你去听一下他喉间咳声的大小如何?"侍从出静室侧耳细听,其声如同在室内一样响亮;走过山那边再听其声,仍如前,丝毫没有减弱。侍从回禅室告诉师父后。上师说:"你们三位兄弟的修力是相同的,但你们三位的功力只是小索尔功力的影子,你们都超不过他啊。"

小索尔对显密经论及其教言的学习不仅仅是停留在字面上,念会背熟,而是深究其中奥义,融会贯通,然后按自己所理解的意思去讲说,言简意明,通俗易懂,深受师僧的欢迎。一次上师和他的四大高徒一起在香曲河边,看见河水上涨,水流湍急,上师将一个法器玩魔术似的抛到河对岸,对四位弟子说:"谁能把法器取回,我就把寺院交给谁。"其他三位取了几次都未能成功,只见小索尔如同海面上的飞燕,不一会儿就将法器取回,上师很高兴地将寺院交给小索尔住持,小索尔便继承了乌巴隆寺的寺主职位。他精心管理教务,讲经传法,培养弟子。小索尔自主持寺院教务以来,讲经传法、修持等诸多佛事活动及事务令他忙得不可开交,心中十分烦恼。一天抽空到寺外漫步,朦胧中只见五个佩戴骨制项饰的少女,手持小鼓作舞蹈状来到他的近处说:"兄长,寺内杂事繁紊,你可到古堆去修行,那里幽雅宁静,将来对佛教众生都有利。"说着用手向扎甲沃地方指去。他忽然想起扎甲沃地方有九眼泉水,九处草水交融的草坪,正好与大乘佛教的"九乘"相吻合。因此,他决意去那里修持密宗法。遂将寺院交给其他三位师兄弟管理,自己独自到扎甲沃地方静修。在那里他苦心修习了13年而证得了"大圆满"的悟境,对宁玛派的一切教义具足最上智慧和辩才,据说,他曾在梁若地方和四位学显宗的僧人辩论时,四位同时向他问难,他都对答如流,未被辩倒,于是那四位僧人敬服而拜他为师。他的弟子很多,有"四柱八梁""十六椽""三十二盖顶短木"之说法。

宁玛派

　　小索尔·喜饶札巴继承了养父大索尔·释迦琼乃的法统后,将佛寺治理得井井有条,学经修习风气浓郁,培养出了一批佛学人才,对弘传佛教,尤其宁玛派教法做出了很大贡献。于藏历第一饶迥之木虎年(1074年)圆寂,享年61岁。他的儿子卓普巴成年后,又继承了他的佛教事业。

卓普巴·释迦僧格

——宁玛派『三索尔』第三代大师

宁玛派

卓普巴·释迦僧格，又称索·释迦僧格，意为释迦狮子，这也是释迦牟尼佛的别称之一。因为卓普巴出生前，有觉敦释迦益西预言说："这个孩子以后将会成为利益众生的教主。"又有索·喜饶扎巴四大柱之一的弟子在梦中见到有一佛祖身像和金刚佛（又名金刚手佛）进入其母体内。藏历第一饶迥之木虎年（1074年），卓普巴出生在卓普地方，卓普巴的尊号由此而来。父亲是小索尔·喜饶札巴，母亲是觉姆的女儿那摩邹多金。孩子出生后，父母按预言取名释迦僧格。他的母亲说："孩子的眼睛像霍尔人的眼睛，将是一个极聪慧的人。"又取名霍尔波，后来人们普遍称他为释迦僧格或达察霍尔波。他出生第8个月时，父亲去世，由母亲和舅父抚养，一直住在卓普地方。释迦僧格帮助母亲管理家产，无暇专门求学，于是将他父亲的四位高徒中的一位请来家中进行教授，从藏文写读开始，循序渐进地进入显密诸论的学习。后去曲乌从释迦桑波学习密宗《幻化经》，又到觉敦大师那里求学一年，将喇嘛克珠请到乌巴隆讲经，听受了许多经论及教授，尤其从四柱师学习了《幻化》《集经》《心识宗门》三部密法经典，圆满求得一切灌顶。在伦·释迦绛曲处闻习了大圆满法，从嘉杰·香巴那波学习了《大圆满传承最后法门教授》。舅父达斗给他传授了显宗经典。在学习本宗派论的喇嘛处求得般若"广、中、略"的经教，反复学习到达通晓。他虽然学经较晚，但他博闻广学，穷究密义，成为宁玛派一著名学者。

在佛学上有了一定成就后，他在卓普寺长期修持生圆二次第的秘诀续，与观想本尊神的身、语、意结合在一起修习，出现了赫赫威德和压倒一切的功力。这时他听到帕·丹巴桑杰在后藏定日地方居住传教，师徒5人前去求学息结派教法。他们上路之时，丹巴桑杰对侍从说："今天有位金刚手的化身要到这里来，做好迎接准备。"天黄昏时，师徒5人来到定日，丹巴桑杰对弟子们说："前去迎接。"拉杰卓普巴听说丹巴桑杰是位具有先知先觉的神通人物，想今天不妨一试。于是与一弟子互换僧衣，弟子伪装成卓普巴走在前面，他作为侍从跟在后面入寺。互行见面礼后，丹巴见卓普巴的脖子上有一小肉块，便说："请沙苏秀那（金刚手）前面来，不要以徒混师乱了真相。卓普巴一听，信

宁玛派

服得五体投地。从丹巴桑杰求得一些息结派的佛法甘露，然后返回卓普寺。一天在卓普法会上讲经，他坐的法座没有靠背，周围由听经僧人围成一圈，前后各方都能无障碍地、清楚地看见他讲经的面容，似一位在金刚勇识幻化坛城上跏趺而坐的密主，他无疑是一位活佛的化身。人们把他奉为密宗之教主，他继承了先辈的法座。为了在藏北一带弘扬密宗教法，对所有应化众生广转法轮。他扩建卓普寺，广收门徒，大行法事。他的弟子千余人，其中的12位高足，皆能住持寺院，扶持教法而且高举说法胜幢，大弘密宗教法。卓普巴成为宁玛派的第三代传人而获得如日月光辉般的美誉。索氏三代的主要功绩是将佛教前弘期的集、幻、心三大部密乘经典，进行整理，建寺收徒，广为传播。

卓普巴于藏历第二饶迥之木虎年（1134年）在卓普寺圆寂，享年63岁。

札巴·恩协坚
——『医学四续』伏藏原本发掘师

宁玛派

札巴·恩协坚,别称喜饶杰瓦,法名旺徐贝,也是一位有名的伏藏师,故全称代东札巴·恩协坚。阿底峡尊者尚未到达吐蕃的饶迥前水鼠年(1012年)生于前藏约如扎巴江日地方,族氏为齐木。出生不久,被认定为协乌华吉僧格的转世。自幼想到吉祥桑耶寺去学佛法,未得父母的允准。年稍长,又再三请求,父母见他学法意志坚定,只好同意他去寺院闻修佛法。在桑耶寺从鲁梅·慈臣喜饶的弟子雅徐加哇沃赛出家为僧,从师学习藏文书写拼读及经文。后又从其叔父绛敦曲巴学习显密经论及藏医学,他先后在卫藏各地行医,著有《四论摄义》等医书,成为著名医学家。又从息结派的开派大师帕·丹巴桑杰学习息结派法门,从克什米尔班智达修学六支加行法等,皆善巧通达。在学法期间,有时生活无着落,用闲暇时间替人放羊所得的一点报酬来维持生活。他有个习惯,常在黎明和黄昏时分到桑耶寺的山顶转悠。据说有天晚上在那里转悠之时，山顶殿门上两张纸卷掉落到他手中，天亮后展开纸卷细看，原来上面写的是红财神和宁金多杰都督神修持咒语。他认为纸卷与他有缘，每晚唪诵修持咒语。白天在山上放羊时，亦以美妙的音调唪诵咒语，这时红财神听到有人在赞颂他，就幻化为一身着红衣的人到札巴·恩协近前问道："你需求什么？"答道："需求财物。"那着红衣的人一听就说："你跟我来。"将他送到一处满地是沙金的地方，让他捡取沙金，但他面对这么多沙金又毫不动心，反而闷闷不乐。那人又来问他道："你到底希求什么？"他回答说："我想回家。"临走时，他只捡了少许沙金，作为以后建殿的资财。从这里说明他希求的不是物质上的"财"，而希求的是精神上的"财"——藏文经典。这时家乡流行传染病，危及人们的生命，他昼夜念诵经咒进行加持，并利用藏医药治疗，很快消除了传染病，还出现了祥和增益的现象。自此他常唪诵一切佛经，尤其夜间反复唪诵《恩巴经》(《恩巴经》译成汉文为《对法》,《对法经》有《上、下》,也称《阿毗达磨集论》),"恩协",意为"通晓《恩巴经》",因他出生于札巴地方，加之通晓《恩巴经》，因此人们称他为"札巴恩协坚"，其中"坚"为人称代词，意为"札巴的《对法》精通者"。有的史料中，将"恩协巴"视为先知先觉者，仅从藏

宁玛派

文字面上理解也能说得过去。

有天晚上,他修学经典时,不知不觉进入梦乡,只见一身穿比丘装的阿杂惹出现在眼前,对他说:"我是佛祖在印度金刚座上伏魔时的一位英雄,那时我的法号叫多杰邓都,是维护佛教教法,尤其是成为吉祥马头明王和金刚手一切佛驻殿的守护者。"金鸡年(1081年),他利用带回的少许沙金,在扎囊境内修建了扎塘寺,还成了桑耶寺的住持。人们说他在住持桑耶寺期间,内外修了108座佛殿,这虽是一种夸张了的吉祥数字,但也说明他是修了多座殿堂。其实他真正修建的是金耶、江如、丹普、赛党拉康等七八座殿堂。

土虎年(1038年),从桑耶寺正殿宝瓶柱下发掘出《医学四续》医典,这部医典是公元8世纪时,由西藏著名藏医学家宇妥·云丹贡波所著,医典分四部分,即:《本续》,论述人体生理病理;《释续》,论述病症分类;《诀窍续》,论述医疗方法;《后续》,论述辨证论治、炮制药物等,后作为伏藏藏于桑耶寺正殿宝瓶柱下,由札巴·恩协坚掘出。有说他按原本抄写后,将原本仍置于原处,也有说他秘藏抄本一年,始付于雅隆格西·卫巴达玛扎巴,也有史料记为将原本掘出后流传于世。这部《医学四续》辗转抄写,后来有手抄本、木刻本、石印本、铅印本等多种版本,是后世学习藏医者必学经典,今已译成汉文,这是札巴·恩协坚的一大功劳。扎巴·恩协坚和儿子拉仲扎西巴桑、孙子索南益西坚赞祖孙三代都是名医,著有许多论著,其三人在北方医学派中占有重要地位。

扎巴·恩协坚于第二饶迥之金马年(1090年)示现圆寂,享寿79岁。

绒松巴·却吉桑波
——宁玛派班智达

绒松巴·却吉桑波，意为"法贤"，系绒苯·仁清次程之子，在西藏四翼①中的雅翼后藏下部的纳隆绒地方诞生。生卒年不详，大约与"三索尔"是同时代或稍后的人，即可能生活在11世纪下半叶至12世纪上半叶期间。

这位大德年满11岁时，从噶尔敦·次臣桑波和多东僧格坚赞等师，开始学习"法相"②教法，大约13岁时圆满完成了闻法事业，而成为大通达者。据传他学识渊博，人们誉称他为"大班智达"③。因他具有深广而无垢的智慧，对于所有印度的显密经论和典籍，即使是过去从未阅读过的，只需读一两遍，也能全部通晓，人们称赞他已获得一切不忘"陀罗尼"④。此外他还精通量论、内明论、成义颂词、修辞学等。他为了以善法解脱众生轮回之苦，经常将善男信女聚集起来，亲口讲说许多利益大众的佛教道理而毫不厌倦。他对于戒律和修持，如生命一样守护，并引导他人

宁玛派

也去守护。他对于先辈的教法撰著,凡能见到的,均无门户之见,爱不释手,虚心学习阅读。他自己所著述的教法论著,在教理及教义上和上师的现教不相违背,且无语义不善之病,任何一位著名学者难有非议。他开始学梵文时,对印度语的多种分别及声明论的文义没太费力即能通达。当时卫藏四翼的许多智者对这位译师大德都极为敬仰,然而有一位被称为精通各教派的大师——却吉喜饶,却讥笑绒松巴说:"在卫藏初出茅庐的人,也妄自著述论说。"但是后来却吉喜饶亲眼看到绒松巴所著的《入大乘法理》论典后,顿生起敬佩之心,主动以许多财物对绒松巴作承事供养,以忏悔罪过而求摄受,后拜绒松巴为师,听受了《妙吉祥密续》等教法。

绒松巴·却吉桑波大师曾拜印度的堪布曼殊西瓦玛、曼殊西连那、邬巴雅西弥扎、布达阿嘎惹拜札、德瓦嘎惹真札、巴惹麦萨惹、阿摩嘎班智等许多班智达大师为师,并且担任他们著作的译师,翻译出《能怖金刚》《阎曼德迦威猛续》《天女吉祥咒义》《胜乐根本续》《喜金刚修法》《速成修习法》等许多经典,其译文可跟原文媲美。

绒松巴的论著很多,对后世影响较大的有:他特依"三学"⑤著出三种教授,即为使心中生起"增上戒学",著有《三昧耶经教广论》;为使心中生起"增上定学",著有《四种释论及十五支》；为使心中生起"增上慧学"，著有《大圆满见修教授》。还著有《净治恶趣》《能怖》《语言门论》之注释。甚至关于世间的生活、农业、养畜、做乳酪等方面的论著也不少，对继承和发展藏族文化做了不可磨灭的贡献。

绒松巴·却吉桑波所传承的宁玛派教法，又分为三个系统：即心部、自在部和教授部。这三个系统各有师承，但又彼此影响。

关于该师在世寿数有119岁和150岁两种说法。

注：

①卫藏四翼：是古代卫藏的地理概念。古代藏文典籍中把康、青、藏划分为上、中、下三区：上区阿里，中区卫藏，下区青康。中区的藏（即后藏）依东西分为也如、如拉克两地，中区的卫（即前藏）依河流分为约、伍如两地。17世纪，依次改名为也如、运如、布如和共如。

②法相：佛教名词。泛指客观事物的相状、性质、概念等。各教派因对法相的理解不同，遂表现出其特有的教义。

③大班智达：梵文音译，是对精通五明的佛学大师、著名学者的尊称。

④陀罗尼：梵文音译。意为"总持""执持"。泛指智慧之总持力，具体表现不同，如闻持陀罗尼，是说一切所闻之法，能忆持而不忘；分别陀罗尼是说分别诸法而不误；音声陀罗尼，是说不管任何人发生毁誉

宁玛派

语言而不动心等。总之,是以持久不忘诸法词义的念力和神验不测智力为其体性,以受持善法,

　　⑤三学:指戒学、定学和慧学,格鲁派的宗风注重实践三学。

修波度孜
——宁玛派著名神通师

宁玛派

修波度孜,南宋藏传佛教宁玛派高僧,卫巴修波的上乘弟子。于藏历第三饶迥之土蛇年(1149年)诞生在色地方的拉东寺。该家族祖上就出过佛教学者和成就者。其父名叫桑杰达琼,因曾师从达波拉杰而得达琼名号,原先去藏南洛扎上部普芒冈的一个寺院习经修持,后由色地方的施主请他去那里,将拉东寺和邬格寺献给他,使他成为两寺的住持,有许多弟子。曾与拉东寺的女尼旺姆结为夫妻生下修波度孜。据说父母将刚生下的婴儿放于簸箕中,入睡时发现虹光照体。

他两岁时,其父似乎做了一个奇梦,自语说:"现在我要走了,要到持明胜乐地去,这孩子将来会为他人做出有益之事。"说着梦语而逝,是年49岁。年幼的修波度孜,由慈母抚育成人。幼年时,就具有慈善喜舍之心,他将每次换下来的衣服全给了穷苦人,母亲责怪他,他一笑了之。

母亲甚感惊奇，心想："这孩子难道是前世活佛的转世？"当地一位卦师也说："此孩非同寻常，有世间地方神和护法神护卫。"于是把他送到舅父丹巴色周那里学习。经过3年，他学习了大圆满绒宗所传密宗法门，精通密宗旨意的全部配合法。16岁时，舅父丹巴去世，修波度孜为了继续学法，遂去吉喀寺，拜该寺拉康巴·云丹松为师，在密续类方面，他聆习了《心识十经》等"心识宗"的24种大密续部；在根本心识部方面，听受了十八根本中的郭宗、绒宗、康木宗等不同论说的14种解说之规；在大圆满绒宗的诸大修轨方面，学习了《瑜伽明智日轮》《禅定眼明灯》《禅定心中日》《块肉和钉》《由问答启发》《金刚萨埵问答》等许多大修轨；在耳传教授法类方面，听受了郭宗、绒宗、康木宗三者的诸教授及其他法类的耳传诸法。还听受了盖仓、宗昌的耳传法和法界部等不可思议的法类。据说他从16岁就开始学习讲经，尤其以讲说《郭宗大纲》而出名。

当吉喀寺的上师拉杰鲁曼在娘多举行法会时，修波度孜任副座说法师，为僧众讲经说法。当他讲完《郭宗大纲》后，拉杰鲁曼上师赞誉他学业飞进，并给了11驮青稞作为讲经报酬，从此他说法的美名流传八方。他在吉喀寺修学14年，一直勤于求学，从不满足。期间，有时住在舅父的色扎寺中，有时也作修习讲说。后来，受他父亲的弟子本格

宁玛派

拉多的迎请，相继掌管了邬格寺和后藏的色扎、却当等寺院，福泽也随之宏大起来，声名日著，聚集众多弟子，广做饶益众生之事。他一面学经、讲经、传法，一面日夜修持不断，出现了内心显现无偏的意境，练就了穿石钻山飞崖的功能和神通。他的一生中有许多神通传奇故事，据说在色普达隆寺修习时其身隐没于一磐石中，无碍穿越森波日山等，这是他显示神通方面的几种幻变之术。

修波度孜在佛事方面做出了特殊贡献，他在雪域将许多有情众生引上解脱之道；修造了许多佛像、佛塔，修复破旧寺庙、佛像；对菩提道场金刚座圣地，曾三次寄去供养物品；对从印度、尼泊尔远道而来的大译师和班智达作承事供养；在拉萨大、小昭寺的释迦牟尼佛前先后四次作承事供养；为许多贫穷的平民作施主，供给衣食。他践行了大乘佛教徒应有的美德，在北方雪域成为一位无可争议的高僧大德。其著名弟子有达敦觉叶、玛哈龙波、克巴觉南、卫巴角索、桑东霍尔扎、尼端喇嘛6位。

修波度孜于藏历第三饶迥之土羊年（1199年）在桑普的加格附近一寺中圆寂，终年51岁。在《都琼佛教史》中对其生卒年记为木鼠年（1144年）生，土羊年（1199年）卒，享年56岁。据说火葬时示现声音、光亮、彩虹及佛塔、文字等奇异瑞象。

娘·尼玛沃色
——宁玛派上部伏藏大师

宁玛派

娘·尼玛沃色，北宋宁玛派一伏藏[①]名师。祖姓"娘"。"娘"古代西藏一氏族，其姓氏源自地名，因他于第二饶迥之木龙年（1124年）出生在后藏年（娘）楚河流域洛扎旦雪地方，凡在年楚的人皆为娘氏，相传尼玛沃色是藏王赤松德赞的转世。尼玛沃色，译言为"太阳之光"。在宁玛派百名伏藏师中，他与古如·却吉旺秀（1212—1273年）两人被尊为上、下伏藏二师，颇负盛名。父亲娘·端却吉本人就是一位宁玛派信徒，略晓密宗法，母亲为白玛德瓦泽。他幼年时就展现出一些奇异之事，刚会说话时，常说看见了某某神，还学瑜伽士修法的各种姿态，人们都认为他是一个神志不清的疯孩子。13岁时，父亲为他传授马头明王灌顶法，让他修习。据说当他静修马头明王法时，从他意守的铜制金刚橛中发出马的鸣叫声，连他自己也感到惊奇。在藏普岗日修法时，见到了神的尊容，并在岩石上留下了手印脚印。后按空行的预言,来到麻沃觉的崖山下,益西喀卓(智慧空行)为他取名尼玛沃色,从这里得到一个虎皮箱子和一份伏藏书题。

据说,娘·尼玛沃色按书题先后发掘了 14 处伏藏,从洛扎的科塘、扎森茂巴杰等地掘出铜箱、虎皮箱、陶瓶、神像、圣物、法器等伏藏。其中铜箱中装有大悲观音法类和古如静猛之法藏;虎皮箱内有空行法类;陶瓶内装有怙主法和恶咒。从科塘寺的大日如来佛像背后觅得一个紫色箱和一个灰色箱,紫色箱内藏有 130 多章节的八种旧密法的教言、诀窍、密续等,是吐蕃大译师白若杂那和丹玛则芒二人抄写的法王手写本;灰色箱内有马头明王的密法、身像、佛塔及法器等多种圣物。另外从桑耶钦浦、南木格坚的森夏扎、扎日佛殿静修地等处发掘了大量伏藏。其中有一部分是医药方面的卷帙,可见尼玛沃色掘出的伏藏相当丰富。这些伏藏中现在还保存完好的有《莲花生大师传》《八法善逝密集》《静猛大悲法藏》《嘉哇嘉措喇那》等 9 函。

娘·尼玛沃色在发掘伏藏的同时,还学法不断,修持不止。从父亲娘端·却吉、贾涅巴东旦、修波尼玛僧格、玛嘎哇坚巴、端巴卡伽等多位上师闻习密宗法和法相论等。之后又系统地学习了文殊的持明八法。在获得成就和悉地的两位上师尊前聆听一切新旧密法,成就师还将从拉萨得

宁玛派

到的五卷大悲观音法也赠送给他。当他修持药师佛法时，拉毛给他献了五种带叶子的新鲜诃子药物，这是他学医的一种缘起。他潜心修习了3年三身法（即法身、报身、化身）。在木斗协吉巴贡修炼上师修心法时，据说益西措杰（一空行母）给他赐了100篇空行问答的法类。他在玛协寒林中修持莲花生的八部密法的总义和分支，从而生起了不可思议的殊胜证悟。

娘·尼玛沃色曾与一位名叫觉本玛的女人结为夫妻，生有两子，长子卓贡南喀沃色，次子南喀贝。据说，后来次子继承了他的弘法事业，也成为一位掘藏师。他一生培养了许多弟子，其中南喀贝、尼扎加、修波度孜、米觉多杰、曼温巴、赛东赤却、卓贡南喀贝等都是他的得意门生。据说他曾到安多果洛地方，在那里还修建了一座殊胜大塔。

尼玛沃色所掘伏藏详目载于《伏藏梵冈》一书中。他还著有一部传世之作，名为《佛教史·花蜜精露》，俗称《娘氏宗教源流》，全书共分3章：第一章总论世界形成，分说释迦佛祖生平、创教过程和部派佛教、大乘佛教、密咒金刚教法；第二章论述印度王统和乔达摩的历史；第三章以较大篇幅记载了藏族人种、族源、吐蕃历代赞普事迹、吐蕃分裂以及佛教在吐蕃的传播灭亡、复兴和莲花生、白若杂那、阿底峡等名师的传教过程，是一部极有参考价值的史著。

　　他在圆满完成一生的弘法事业后于藏历第三饶迥之水鼠年（1192年）圆寂，享年69岁。遗体火化后，连同许多舍利子一并装入一塔中供奉。

　　注：

　　①伏藏：是从隐藏处（多为地下）掘出的佛教经文和圣物。据一些佛教史载，伏藏源于佛教前弘期莲花生大师来藏弘法时期。佛学家莲花生等人，因时机未到不宜宣示，而留待后世有缘者获取，特将密宗秘决埋藏于山岩、水边、森林、庙宇、圣地等处托空行誓为守护，以待未来成就者发掘，而后转述为文字的极密经文。

古如·却吉旺秀
——下部伏藏秘籍法师

伏藏师古如·却吉旺秀，"古如"为梵文，意为"上师"，"却吉旺秀"意为法自在，合称"法自在上师"，他是宁玛派一著名秘籍法师，在佛教史上将他所掘伏藏称为"下部伏藏"。

古如·却吉旺秀是西藏山南洛扎拉佑地方人，于藏历第四饶迥之水猴年（1212年）正月初十出生。父亲姓"邦"，名端智见宁布，是一位密宗师，母名古于萨贡吉。据说其父正用金汁抄写《文殊名称经》时，正好写到"却吉旺秀"一段处，儿子出生了，故父亲以此为他取名。

4岁时，跟父亲学习藏文拼读书写，当熟练地掌握了藏文后，始学一些口诵经文，之后陆续学习《口剑论》等语言文法经籍13种，学习印度龙树著的《训世箴言》、道情歌《传统故事》等文学作品10余种；学习《黑白算学》《医疗术》等历算医药经典约百种；学习苯教著作75种；学习

宁玛派

经部论典和内外密乘100多种。对各学科都有了解。11岁起从卓贡慈敦等新旧密宗上师正式学习密宗之顶法、教诫、秘决等。14岁，从色卓江萨巴学习《因明论》《大乘阿毗达摩杂集论》《入行论》《喜金刚》等显密论典；从塔果哇学习《中观略论》等；又在慈敦上师处学习了阿底瑜伽法。17岁时，在梦幻中亲睹了众生怙主的圣容，从此，智力猛增，思路通达，成了娘·尼玛沃色的继承人，拥有与娘·尼玛沃色一样丰富的伏藏，成了下部伏藏之主。18岁时在后藏从萨迦班智达学习发菩提心和法缘，一天晚上，据说梦见游到了五台山圣地，只见文殊菩萨端坐于一朵青莲上，菩萨见古如是一位具智慧自性、与佛法有缘之人，遂给古如传授了启开佛法之门的教言和秘决，并让他自己去理解修持。醒后，便产生了将获得一切正法的信念。

据说古如在13岁那年，扎巴神通师从桑耶地方掘得了一份黄纸伏藏书题，许多人按这书题寻觅开掘伏藏，结果有人无病而卒，有人触雷雹而亡，更奇怪的是这份黄纸书题无论抛到水中，还是扔在十字路口、山崖下，或埋在土中，皆完好无损。后来不知不觉传到了古如的手中，古如的父亲对黄纸书题之事早有耳闻，这时见到儿子手中有这份可怕的书题，便一把夺了过去骂道："人家都抛弃了的废纸，你又捡回来，有何用处？你是不是在找死？"之后父亲把黄纸书题又藏匿了。直到古如23岁时，瞒着父亲，复从地下悄悄地挖出来，与一位名叫朵丹角玉哇的年轻人结伴来到康区佑宁隆洼南木格的山沟里，按伏藏书题打开了18处伏藏之门，发掘出大量的伏藏，其中从一铜盒中取出秘决108篇，从一形似龙体的物品中取出教言4篇，又从喀曲白日山的崖洞里掘取了不少伏藏。在竹巴噶举派藏巴嘉热·益西多杰修行过的加浦坚（洛扎喀曲附近）和梯形崖洞中也掘出了4部教言和100篇伏藏。他发掘出的伏藏多数为密宗经籍，有一部分是珍贵的医学资料，整理后共分为九类：第一类为医药源流及藏医修供法；第二类为人体结构及五脏六腑说明；第三类为药物分别配制法；第四类为药物处方及君臣次第分类法；第五类为内外密三分法；第六类为病理辨析及药物分类；第七类为疾病类型；第八类是依佛法镇病魔；第九类为药物功能。这些医药伏藏后被青藏高原上的藏医、蒙医所广泛运用，为藏医药发展起了一定作用，某些方面还填补了藏医药的空白。

　　据说古如·却吉旺秀从13岁学密法时就一边学习一边修持，一直坚持不断，即使在掘伏藏的岁月里，也在一些静修地修习不断。最后获得妙智双融的悉证智身，进入了成熟解脱之道。据说能显示几种变化，如在坚硬的巨石上留下了脚印，以法身变化六种化身，复又变成享用身等。

宁玛派

这时西藏的一些大德如布敦·仁钦朱、耿钦帕巴沃、却沃等颂扬他是一位无与伦比的成就大师。

古如·却吉旺秀不但在学法修法、掘取伏藏方面取得了巨大成就,还利用时间,耗资兴建了堆古尔茂、桑珠德钦、拉佑三座寺院。

古如在中年时开始收徒讲经传法,其弟子众多,其中朗卓的幻化师白玛仁钦、年·尼玛沃色,精通医道和旧密伏藏的米觉多杰,通晓旧密的尼泊尔弟子巴若祖增,等等为主要弟子。

古如·却吉旺秀在山南洛扎、四川康区、西藏昌都一带发掘伏藏,因这些地区对卫藏来说位于其下部,故人们称他发掘的伏藏为"下部伏藏"。他出生比娘·尼玛沃色较晚,虽然他是娘·尼玛沃色的继承人,但佛教界将他二人"相提并论",誉为掘伏藏的两颗巨星。

古如·却吉旺秀于藏历第五饶迥之金马年(1270年)在布达拉的白玛沃寝宫中圆寂,终年59岁。

嘎·丹巴德西
——嘎陀寺创建者

宁玛派

嘎·丹巴德西，本名喜饶僧格，意为"慧狮子"，别名波巴塔耶，译意"辩才无边"。丹巴德西，意为"圣者善逝"，于藏历第二饶迥之水虎年（1122年）随着诸多奇妙征兆，出生在四川甘孜地方嘎氏家族中。

父亲嘎·藏巴白扎（系密宗瑜伽行者宗巴巴昭），母亲名宗茂仁青吉，父母有四个儿子和一个女儿，长子为帕竹噶举派创始人帕摩竹巴·多杰嘉波（1110—1170年），次子即嘎·丹巴德西。丹巴德西17岁时赴卫藏，在彭域地方从喇嘛香趣僧格出家为僧，取法名喜饶僧格。又从那吉堪钦以律之传承受具足戒，并学通了律经。从卓普巴的高足赞东卓维贡波学习幻化密要和心识部等密法。从热译师之弟子甘译师闻习《胜乐密续》。觉若译师处学习《金刚亥母法》。向桂译师的弟子江东多吉宁波和波德香东学习密集法。在德钦巴上师处学习了《胜乐轮灌顶次第》《大手印》

《那若六法秘决》等密宗法多种。几年间他广参名师学习显密诸论,闻习藏区所译经典,成为出类拔萃的密宗佛学大师。这时赞东活佛对他说:"你到名叫甘波的地方去勤修,将会出现身体发光的现象,再去嘎陀地方,佛教会盛行起来。"他按上师的预言,先去寻找名叫嘎陀的地方,来到嘎陀看见几个牧童放牧,问道:"嘎陀在何方?"答道:"在普雅沟。"他一路寻思,这些牲畜可能是化机的缘起,几个牧童可能是弟子的缘起。就这样,他终于找到了一个地形像"嘎陀"的吉祥之地,于是一面修习密法,生起感悟,一面集资,于藏历第三饶迥之土兔年(1159年)兴建了吉祥嘎陀金刚寺,简称嘎陀寺(在今四川甘孜白玉河波境内)。据说,在修建佛殿时,苯教原先安置在这里的一个神(朵年,即石妖)现身作怪,他们师徒亲见石妖眷众的足迹没入一块巨石中,丹巴德西在巨石上挖了一对形似鼻孔的洞,让弟子牵着"鼻子"走,上师在后面用鞭子赶,到寺院旁的一条河边时,石妖发誓改邪归正,不再作孽,从此唯命是从。藏巴上师等人用密法将石妖收伏后,佛殿顺利建成。嘎陀寺是12世纪康藏地区规模较大、建寺较早的一座宁玛派寺院,在嘎·丹巴德西的倡导下以传授"南藏"密典为主,附带传授"三索尔"以来传承的宁玛派经典。有许多安多、昌都、云南迪庆等地的宁玛派僧人前来学经。嘎·丹巴德

宁玛派

西竭尽全力为本寺和来寺求学的僧人讲授以密集为主的大圆满法、幻化密要及印藏诠释的大小经论。另外还传授《文殊幻网经》和《慈氏大论》等许多显密经典，为多康地区弘传密宗佛教奠定了基础。嘎·丹巴德西完成了建寺传法的宏业后，于藏历第三饶迥之水鼠年（1192年）四月十五日在扎绕法之精舍林中，面向西方，手结心性安息印而逝，享年70岁。据说他圆寂时大地微微颤动，虚空响起九次声鸣，西落的太阳发出万道霞光，霞光的一角连着上师的遗体，万里晴空飘下了雨雪花朵。

嘎陀寺的传人，在德格土司的支持下，以转世的形式世代相承。嘎·丹巴德西的继承人是藏东巴，依次为强巴本、乌沃益喜本、香曲欠巴、索朗桑本、洛哲本巴、洛哲森格、相曲洛哲、相曲森格等。多系博学多才、治寺育僧的名师。他的主要弟子有三位，即喜饶贝巴、喜饶多杰、喜饶坚赞，其他弟子亦遍及安多、嘉绒和西藏门隅各地。

智妥巴·美朗多杰
——宁玛派著名密法成就大师

宁玛派

智妥巴·美朗多杰，意为"成就师·明镜金刚"。其父是一位瑜伽士，名桑耶，慈母名巴玛。于藏历第四饶迥之水兔年（1243年）降生于名叫周普的地方，此地在藏区何处，无从查考。9岁时，从成就师萨隆巴和堪钦色隆巴二师剃度出家为僧，并从二师修学藏文和经文。12岁至16岁之间，他在故乡周普一带，为超度亡人而唪诵广、中、略三种般若经论，做了无量善事。16岁时，在周普的雪当地方，进行过百次善业法会（有史料记为做了八千一百多善事，通晓人间因理，此说可能有点夸张）。后在桑措（铜海）地方潜心修持一段时间后，修力炽盛。从此，他云游各地，一面访贤修学，一面朝礼圣地，曾在楚普的朵峨地方依热巴等上师修学宁玛派新旧密法。他先后朝礼了夏乌达果、喀曲等一些圣地，期间，在一个月的时间里，他仅以一升青稞磨的糌粑为口粮，艰辛不言而喻，但他以顽强的毅力渡过难关。18岁时，抵达森格日（狮子山）后的一圣地，拜见了桑杰温巴上师（1251—1296年），该师为达隆噶举派类乌齐寺的倡建者。他从该师学到了秘决精要之法，他以秘决精要法为修持根本，从加行（预备）之时苦修六夜，获证了夜不间断亲见金刚萨埵的圣容。这时美朗多杰的修行功力已达到了较高的境界。加行之时，他在梦中见到传承上师为彼进行加持的情景。23岁时，依止上师桑杰热巴聆听《金刚亥母》等的几部伏藏经典，依此修持而又明显见到金刚亥母的圣容。他在沃旁亲见了俱生胜乐金刚的圣容。他曾以金刚杵镇山崖时，金刚杵沉没于山崖中。此时，他又亲见马头明王、度母、观音菩萨、莲花生大师、普贤菩萨、比马拉、萨隆巴、桑杰热巴、卓贡·帕摩竹巴等菩萨和佛学大师的圣容。

　　在嘎哇坚目睹了红色金刚亥母、成就者萨隆巴端坐于空行界的实景。在纳琼住修时，在梦中见到了金刚亥母主仆五尊的圣容，梦醒时又清楚地见到了光明亥母。在加乃宗住修时，梦见金刚萨埵为他作大圆满灌顶。总之，在他的一生中，与十三位殊胜上师有缘相遇。美朗多杰极有禁戒之行，故对苦修的戒行无取舍而对密咒真言如依奉行。他先后到坎巴郡、坎巴林、森格宗、更桑林、喀曲等地，竖起修行的法幢而实施利众生之事。37岁以后，对持明大

宁玛派

师古麻拉若杂等师的弟子传授秘诀精义,从而有了一些持教的心传弟子。

智妥巴·美朗多杰是一位传奇式宁玛派高僧,相传他于第五饶迥之水兔年(1303年)圆寂,享年仅61岁。据说,随侍弟子们看见他结跏趺坐于一墓地中,身上散发出白束之光,突然一声巨响,白光刹那间消失于西方。火化遗体时,从空中射下五道白光,笼罩殓尸亭,获得五身证悟的遗体亦被白光环射,在场僧众甚感惊奇。

古麻拉若杂

——持明大师

宁玛派

古麻拉若杂是成就大师美朗多杰的亲传弟子,又是隆钦饶绛巴和噶玛·让琼多杰的上师,在宁玛派中享有很高声誉,称他为持明大师。于藏历第四饶迥之火虎年(1266年)出生在约如①安巴地方名叫沙宗卡的村庄里,父母为他取名塔巴坚。幼年他就是一个具有诚信、慈悲、智慧的孩子,显示出超越一般孩子的许多特征。

塔巴坚7岁时入山南工布地方的沃雪妥当寺,从杰多上师闻习喜金刚和胜乐密法。9岁在堪布藏波前受近事戒,并从戒师学习了永断轮回的观音法类。12岁在噶举派的帕摩竹巴寺,由叶哇巴任亲教师,阿里巴任轨范师,受戒出家,起法名循努加布,在这里听受了《戒律论》,扎叶活佛尊前修那若六法等噶举派特有密法长达5年,在那若六法修习方面打下了较坚实的基础。后又从宛桑协巴学习工巧明学,从察顶巴学习《喜金刚第二品》等。据传当他经常诵修六字大明咒时,在静修室内亲见观音菩萨的笑容。琼纳西达给他传授了宁玛派的密乘经教、秘决等。之后到纳普地方,与这里讲经传法的美朗多杰相逢,向上师请受了四大手印法,并作为上师的侍从去了喀卓岭地方讲经,听受了金刚亥母法类。

一天晚上他正修密法时,突然间见到了莲花生大师的圣容,大师对他说:"嗨呀,有志的善男子,你常常如此修习,实在可贵呀!"自此,修持有了很大的长进。从喀卓岭又到了楚普寺,这是一座噶玛噶举派的寺院,在寺内从年热和达玛贡二师聆习了噶玛噶举的教法。之后又辗转到了拉堆(日喀则)定日和普兰地方,与成就师邬坚巴和年仅7岁尚未出家的噶玛·让琼多杰相遇。当邬坚巴向年热请教密法精义时,他也跟着听受了一个月的密法精义。在这里学经听讲几年,其间还向嘉曼巴·南喀多杰、格丹巴·却吉僧格二师学习了《密集要义》和《密乘要义明镜》等大圆满密法。从普兰返回卡曲地方,又从美朗多杰处获得密乘精要灌顶、教言等许多密法,上师在密宗坛城中还为他作了很好的灌顶,取密号"古麻拉若杂"。在这里他备受辛苦,欲给上师敬献灌顶礼物,然而因囊中羞涩只好以身语(行动和语言)相报。夏季意外得到了四驮青稞的布施,将两驮献给上师,用两驮购买纸张笔墨开始写作。虽粗食淡茶,

宁玛派

但学经著述不断。与此同时修证也不断提高。他跟上师一起修法8年之久，出现了许多不可思议的奇幻景象。其间曾到雅隆察当地方修建日绰山寺时，得知美朗多杰上师圆寂，立即赶到卡曲，同上师的其他两位弟子一起做定时祭祀25天，料理完上师的后事，又前往藏南门隅地方的杂日神山朝礼修行。当他来到杂日附近的一块水草丰美的草滩时，看见草坪中央矗立着一尊石像，上面五色彩虹罩顶，美丽庄严，他预感到这是一种吉祥之兆。他顺利地完成了绕山巡礼，修习一段时间后，应噶玛·让琼多杰之请到达楚普寺，为让琼多杰传授宁玛派精要教法。之后他又从楚普寺到后藏香曲河流域的香地（今西藏南木林），从杰贡纳布的继承人贡巴轨范师学习密乘耳传法、《静虑眼之明灯论》等。在定日那麦从香智巴聆习央衮巴的《住山法三种》，半途中从扎隆巴学习《阎曼黑敌》和郭仓巴的《修行指导》等。总之，他广参宁玛、噶举、萨迦三个教派的名师，以学宁玛派教法为主，兼学噶举派和萨迦派经教，掌握了圆满修行次第。

后来他第二次赴杂日神山修行，在杂日下方的玉措岸边独自修持了8个月，出现了一种神秘莫测的变化能力。据说由于这种特殊神通的产生，当地神祇也前来为他作供养。他常独自到几处雪山和深沟忍受饥寒修炼，修为不断增长，声名传遍藏地，闻其名前来拜师学法的弟子逐渐多起来。他极力保护野生动物和高原湖泊中的鱼类，教导弟子们不让野生动物和鱼类、鸟类受到侵害。众弟子中最著名是噶玛·让琼多杰和隆钦饶降巴二人，让琼多杰是他的佛教事业的得力继承人，隆钦饶绛巴后来成了宁玛派密法教主。

古麻拉若杂广做益于众生和佛教的善事，他对民间疾苦感触颇深，常到农村牧区，实施防霜防雹、防止传染性疾病工作，取得了一定成效，深受农牧民的欢迎。他广传宁玛派教法，足迹遍布前后藏许多修行地和寺院。

古麻拉若杂于藏历第六饶迥之水羊年（1343年）九月二十五日呈卧姿于寺内示寂。他的近侍弟子贡达等对他的去世十分悲伤，据说见此他竟复生起身端坐，看到哭泣的弟子们，他说："我没有死，不用伤心。"还为弟子们继续传授教诫，生命又延续了13天。十月初八黎明时分，他以瑜伽师的姿势，面带笑容而逝。遗体火化时，额骨上显出五佛身像，还有许多舍利子，享年78岁。

注：

①约如：古地理名称，指以乃东昌珠寺为中心，东至工布，南至错那，西至喀惹雪峰，北至马拉山脉一带地区。

雍敦巴·多杰贝
——宁玛派密宗大师

雍敦巴·多杰贝，宁玛派著名密乘上师。"雍敦巴"是他成名后的尊称，"多杰贝"是法名，意为"吉祥金刚"，与噶玛·若白多杰基本上是同时代人，二人互拜为师。于藏历第五饶迥之木猴年（1284年），出生在西藏名叫村堆地方的朗氏家族。青年时期就已广闻博学，尤精于新旧密法、法相学及时轮学。从师强巴僧格听受识、心、幻三部密法和《阎曼德教法》的教言后，成了这一带的"语自在"（具有语言天才之人）。约于45岁时，受元文宗图汗帖睦尔召请赴元大都，觐见文宗皇帝。此时一些地方正逢大旱，禾苗枯死，农民叫苦连天，朝廷也忧心忡忡。皇帝悉知他密法高深，遂下旨要他运用密法祈雨，他愉快地接受了这一任务，他设供举行宗教仪式，念诵祈雨降雨经文，并虔诚地作了祈祷。结果十分灵验，下了几场透雨，解除了旱情，缓解了皇帝和百姓的焦虑。皇帝十分欣赏他的佛法和学识，

宁玛派

要他留在宫中管理京师的佛教事务。其间他用密法治愈了几位患者的疑难疾病,还为皇帝和皇妃传授了密法灌顶。

雍敦巴·多杰贝在京城住了10年,返回卫藏时,皇帝赏赐了许多财物,这些财物他没有自己享用,也未送给亲朋好友,而是为慈母的安康全部奉献给了寺院、僧人和穷人。之后,他从噶玛·若白多杰和布敦·仁钦朱两位大师学通全部时轮和密法,特别专修噶玛巴的《大安息观行法》。为了完成大圆满法的修习,他到卫藏四大名山(指修法名山)之一的彭波山(位于后藏和热都扎一带)静修,获得了殊胜证悟。雅德班钦等5人听说他在那里修行,另约了10位大师一同前往求法。雍敦巴给他们传授了许多密宗法类,带出了一批著名密宗修学士。

雍敦巴到晚年才从措巴却隆巴受了具足大戒,取法名多杰本,后转音而成了多杰贝。著有《续部纲要》一书。他于藏历第六饶迥之木蛇年(1365年)圆寂,享年82岁。

隆钦饶绛巴·次臣罗哲
——宁玛派一代宗师

宁玛派

隆钦饶绛巴·次臣罗哲，意为"法慧"，幼名智美沃色，是蜚声中外的宁玛派佛学家。藏历第五饶迥之土猴年（1308年）出生在前藏约如之恰多地方。父亲丹巴松与莲花生大师的再传得意门生嘉瓦却央是同一家族，母亲为仲氏之女索南坚。

5岁时，学习藏文诵读，又学天文历算。7岁随父学习宁玛八部修法、马头明王、金刚橛、古如静猛等的灌顶、教言和秘决。9岁时，能流利地诵读《般若二万颂》和《般若八千颂》。12岁时由桑耶寺堪布山智仁钦为亲教师，耿噶沃赛为领诵师为其授居士戒，取法名次臣罗哲。14岁时学戒律学，并能以戒律己。16岁从扎西仁钦大师闻习《道果论》《六法》《帕摩六法论》《胜乐铃》《金刚手菩萨大法轮法》；从旺耶大师、东次、绰普巴等师学习《事续部》《行续》《瑜伽续集》《金刚帐》《空行海》《金刚鬘》《时轮》；从萨隆巴活佛学习噶举香巴教法、郭仓巴教授法、息结派断行等教法。19岁时朝拜桑普寺，在那里拜赞衮巴、十六世拉章·曲华坚赞活佛为师，学习《慈氏五论》《因明七论》《般若》《中观》等经教；从昂译师洛哲丹巴学习内明学、语言学、修辞学以及戏剧等知识。三年时间，成为当时显密兼通的著名人物。后巡回辩经，在法会上他以博学多闻的知识与卓越的辩才，名声大振，在座僧众称其为"桑耶隆芒哇"或"隆钦博士"，意为"证悟广大的法慧博士"。

后来，丹帕宣努东珠将神变心要的"灌顶教诫"及"密集行续"全部传给他；扎西仁钦传授胜乐、道果六论、息结的大圆满；循努多杰传授《入行论》《集学论》等；唐玛哇桑杰扎沃传授《修行八部密集》；另外，还先后从让琼多杰、萨迦喇嘛达尼钦波、昂耶、喇嘛加央巴、绰普巴、康玛哇、仓德巴、萨隆仁波巴、修赛日巴等20多位格西学习新旧密法的灌顶、教诫、随许等各教派之法，以及大小显密经论的讲授、密授、教言等知识。他广学博采，显密双融，成为知识渊博的佛学家。

隆钦巴在桑普寺修习时，专门修习忿怒明王、妙音天女、金刚亥母智明等法。27岁时，他与驻锡在雅朵坚普的持明大师鸠摩罗相会，大师说："你继承了我的教法，我甚感荣幸。"并传授给他大圆满法，还特意传授了无上密法之灌顶

宁玛派

和诀窍等极密法类，经他专注苦修后，出现了内外无别的大圆满证悟。后在桑耶钦浦等静修地立誓修习3年，结果却苦修了7年深广之法，获得了不可思议的三昧耶证悟，密法修习达到了炉火纯青的境界，真正成为一名证悟广大的法慧博士。相传在钦浦修习期间，修赛寺的土地神与度母邀请大师到他们的法界去，而大师也被迎至修色寺上面的雪山之顶。当大师撰写《隆钦七藏》时，传说护法神为他造纸，遍入天替他磨墨，度母化身母羊帮他抄写书稿。

31岁时，他开始在尼普寺一带广转法轮，主讲"密集精要"。32岁时，他在钦浦给有法缘的八位男女讲授"空行精义"，又给瑜伽修行士传授了《空行如意宝之密典》，在这里他还撰写了《三精要》《三解脱》《三安息》《十密释·除暗》《俱舍、戒律散论》等著作。之后，他应邀到直贡寺讲经说法，给僧众讲授教授法。还修葺了乌如霞寺的佛殿。他们将卓·邬金的寺院献给了隆钦巴，将这座寺院扩建成邬坚宗沃色真园林寺，建塔立像，招徒传法。之后在一处幽静的柏林中继续修习密法之时，发生了西藏佛教史上闻名的萨迦派与帕竹噶举派之间的教派权力之争事件，他深感这里不再适宜修法而转道去往不丹，在不丹边境的本塘和纳塘等地为信士传授明灯论，在不丹塔尔巴地方聚集僧伽大会并传法，还在这里倡建了塔尔巴林寺。不丹境内的宁玛派教法,正是在此时由隆钦巴大师传播开来的,后又从不丹传到尼泊尔。

隆钦巴大师从不丹返藏后,应一些地方头人和寺院住持及瑜伽士的邀请,先后在拉佑拉隆、门域本塘、雅卓等地为几千僧人传授密集精要和修部八教如来密集的灌顶、教言。由于他广博的佛学知识和修法成就,刚刚建立帕竹政权的首领司徒·绛曲坚赞对他生起敬信,将他请至约波央为两千多僧俗讲授宁玛派密法精要,还为以他本人为主的上层人士传授了几种密法诀窍。讲经传法后,司徒·绛曲坚赞为隆钦巴作了盛大供养。萨迦大喇嘛和桑普巴扎桑对一些见修之要义产生不解,请隆钦巴大师破解,他根据见修之要的疑问,结合佛教正法进行一一解答。吉雪桑达林寺的轨范师云嘉哇等人也恭请他解答一些疑惑,他结合宁玛派教授教理讲解,使他们心悦诚服。之后大师一行回到拉萨,僧众夹道欢迎。在大昭寺和小昭寺发菩提心而广转法轮,还在两寺中敬献佛像、佛典、佛塔,为众多僧人施以佛法甘露,为利益佛教和众生做出了宏大善事。他在拉萨讲经传法后又去尼普寺后面的柏林为一千多善缘者弘传大圆满教法,又应司徒·释迦桑波之请到喀哇日受敬奉供养。后又到卓邬坚林寺和普扎地方给以直贡堪布为主的40多位大师和头人及三千多僧俗传授光明金刚法要义的

宁玛派

灌顶、教诫,为这一带的其他僧人讲授了无上密法。

他曾修缮过墨竹工卡境内的夏拉康寺,因而该寺僧侣也以修行《悟精要义》为主的宁玛派经论。

隆钦巴大师一生学法、修法、弘法、建寺、著书立说,为弘传佛教文化事业作了巨大贡献,开创了宁玛派大圆满心要法门。他于藏历第六饶迥之水兔年(1363年)十二月十五日,在钦浦寺森林的修行洞中静修时圆寂,享年56岁。据说遗体火化后,其舌、眼及心肺完好无损,出现了许多五部佛像的舍利子,皆装入菩提塔中安奉。在宁玛派的大部分寺院中都塑有隆钦巴大师的金身。

隆钦饶绛巴·次臣罗哲撰写过多部宁玛派关于内外明处和显密经教的著作,发展过宁玛派的密法。其著作主要有《七宝藏论》(又称《隆钦七藏》),即:《宗轮藏》《妙乘藏》《如意藏》《诀窍藏》《法界藏》《本性藏》《词义藏》。另著有《大乘诀论如意宝库》及其注释,《如意库义授金刚心》《教海库》《法界库》及其注释,《教论库》《遍乘义显宗派库》《大乘胜藏》《光明金刚库乘》《续部王幻变根本续》《大圆满心性菩提道》《大圆满心性息》《大圆满摩诃摩衍息》《大乘正确法》《密义妙音》《格言海》《如幻安息论》《智兔与出家者的对话》,等等著作,为后世留下了大量宝贵的佛教文化遗产。

喀卓玛·更嘎本
——证得幻身的空行母

宁玛派

喀卓玛·更嘎本,一位密法深广的空行母,约为14世纪人,密宗号为"多杰帕姆",意为"金刚亥母",显宗法号为"杰尊卓玛",意为"至尊佛母"。史载于猴年生在西藏拉沃扎西朵卡地方。父亲藏巴多吉旺雪,母亲是协嘎萨多吉措的转世拉吉华宗。

她6岁时在丹萨替寺从旧密派喇嘛扎巴坚赞(司徒·绛曲坚赞的叔父)剃度出家为尼,取名更嘎本。更嘎本从扎巴坚赞等许多上师学习藏文和新旧密法及其密宗灌顶法、教言等方面的密典,她一面学习,一面修持,进步颇快。刚步入青年时代,道行突然增高,获得了广大证悟。在一天晚间亥时,杰噶丹勒坚玛对她说:"你到一个名叫周央宗的沃赛修行洞(意为'金光修行洞')中去,连续坚持修行七年七月又七昼夜,将会看见空行界。"她遂即刻出行,历尽艰辛后终于找到了那个修行洞,以坚强的毅力专注地修满了七年七月七昼夜,见到了金刚亥母。她又按金刚亥母的预言,从这个修行洞中获得了母续密集引道法类和伏藏教言,为前藏上下区中与密法有缘、具有根器的弟子进行广泛传授。后又将伏藏教言特意传授给卓贡佟措热巴,由她又向外传播,遍地生根、开花、结果。母续密法和伏藏教言从更嘎本处得到了广泛传播,至今仍在修密法的教派中兴盛不衰。据说周央宗修行洞的法门,随着母续密法和伏藏教言的掘取而开启。相传,周央宗法门开启的同时,扎、朵、雍三处圣地和吉约雅温、洛多桑耶斯喀等静修地出现了天降花雨等吉祥奇兆。从此,闻其名而来求学母续密法和伏藏教言的有喇嘛、活佛、地方头人、善知识和一般僧俗等各种人士,不计其数。在更嘎本的传授指导下,温地方的扎西央贡寺、杰姆乔典寺的僧尼中弘通正法者也不少。更嘎本自获得殊胜证悟后,仍勤修不断,其亲传弟子中也有好几位出现幻身,即密乘所证转世五蕴成光明身像的果位。

据说更嘎本于75岁时修成了幻身金刚之身而去佛国,成为智慧空行母,现宁玛派佛寺中多供有她的塑像。

亚杰·邬金林巴

—— 『白玛嘎唐』伏藏发掘师

亚杰·邬金林巴,拉色却智王的第七世转世,又译作雅杰·尔金林巴,于第五饶迥之水猪年(1323年)诞生于约如扎囊亚杰。自幼依止密宗大德,修学密咒、医学、历算等,皆达通晓。23岁时,从桑耶寺大红塔中发掘伏藏目录,接着从雅砻协扎山的背面、扎白玛邹迭的晶岩洞、邬坚钦波施以甘露药物的圣地,等等地方掘出伏藏。之后,又从扎囊玉贡岩洞中掘出《密集次第道广本》《莲花生大师小传》《息结派遗教意明》《缘起精要集》等伏藏。从桑耶寺地方掘出《噶唐德那》,即《五部遗教》。从司喀石塔中掘出"大悲观音智慧胜光像""吉祥怙主骑虎护法神像",下部老虎洞中掘出"莲花生幻化威猛身像"和"护法神身像"。从扎希外洞中掘出"阎罗寿主"等方面的各种伏藏计一百余函,仅"教言集"类就有三十函。还有未能掘出的黄纸经文仍放回原处。这些伏藏总汇起来共有二百二十八

宁玛派

种。由于当时乃东泽的执政者大司徒·绛曲坚赞以特权强行将一部分伏藏作品收去,他遂带着部分伏藏品逃遁至埃地和达布地方。由于精神受到刺激,不久于埃地附近的罗琼地方逝世,遗体被迎至达布地方完整地土葬。

原发掘出的"法类智胜光""勇猛宝帐怙主""长寿修法""骑虎吉祥怙主"等法后来是否保存下来已不可知。《白玛嘎唐》等珍贵经典后来珍藏于山南敏珠林的藏经宝库中。据《白玛嘎唐》的汉译者洛珠加措在"译跋"中介绍说:"尔金林巴一生掘出 7 部《嘎唐》,这一部流传最广,影响最大,上自达赖班禅、王公贵族,下到土司头人、牧民商贩,人人皆知,家家供奉。"该书有多种版本,译者参考多种版本后最终以《莲花生大师本生传》为名出版,后面附了邬金林巴掘出的《莲花生大师传略》。

阿里班钦·白玛旺嘉
—— 苦修瑜伽士

宁玛派

阿里班钦·白玛旺嘉,意为"阿里大智者莲花王",是阿里地区一著名密宗佛学家、掘藏大师,也是一位具有断证功德的证士,后藏阿里洛沃玛塘人,生于藏历第八饶迥之火羊年(1487年),父嘉央仁钦坚赞曾拜西藏著名桥梁建造师和藏戏创始人唐东杰布为师学经,也是一位佛学造诣较高的喇嘛;母亲名卓坚春巴金。8岁跟父亲学习《菩提发心律》《文殊名称经》《幻化静猛法》等经文,受居士戒。11岁时学习本续密藏、轨范师苟贝多杰的注释、松敦师的注释等密宗经典注释。12岁时学习一些密法,并开始修持。14岁时修学"修法八部"等修法教言。他平时很注重修心和守戒,常念诵不休,苦修不止。据说静修时,曾七次见到观音菩萨的圣容。对父亲传给他的灌顶法、金刚橛、修行八部法类等进行了潜心修习。17岁时他信守八誓,与一般僧人见面行平等礼,回家也只小住几天,从不登官宦之门，不贪图享受和地位，不沾染经商牟利之习，专靠行乞修行。在轨范师俄丹桑布处学习了律经、经部、俄吾噶当法等有关显密经论。19岁时为弘传观音六字真言回了一次家。20岁先后学习了《慈氏五论》《般若经》《因明论》《集学论》《入行论》《七十律仪》等经论。21岁学习文殊护法、僧伽律仪戒等多函戒律方面的经典。22岁又在父亲处学习旧译密法和教言、伏藏等，修习红阎曼法。23岁时给洛沃译师讲授道果法。25岁时，在山智林寺中由洛沃译师索南龙珠任堪布，法王官却加任轨范师，在25位敬信比丘僧前，为白玛旺嘉授比丘戒。26岁时，在协吉日沃静修地，将其他用具全部舍弃，只留三件法衣、一些经典、一根禅杖及乞钵，独自一人专心致志修持密法。解禁后，他又云游阿里，从洛沃堪钦学习大威德法、红阎曼法、密集等。后来又游历普兰、冈底斯、科恰等地，从师古格班钦·南加贝桑、加央罗哲华贡等学习胜乐、喜金刚、密集、新旧密法、金刚帐、胜乐双运、时轮大灌顶、金刚手八法、热琼耳传、大手印六合法、央贡巴日却法、金刚鬘等许多密法。之后他以一位寻求正法行者的模样前去尼泊尔盘塘、勒雪等地，从尼泊尔的几位上师和藏族上师学习尚未学到的显密要法。

阿里班钦广参名师，饱学经论，修习密法，最终成为一位学识渊博、显密兼通、获得殊胜证悟的佛学大师。38

宁玛派

岁时，他不视宗派，不分新旧密，广转法轮。他从后藏启程，经过桑扎、扎桑、相恩木让到德卓后，与麦敦·南喀坚赞和密咒师释迦桑布相逢，互传要法。然后同弟弟勒丹都琼多杰一起来到拉萨，朝礼了大昭寺释迦牟尼佛等诸多佛像、佛塔、圣物后，为求得息结派教法和俄·洛丹喜饶教法，同一位杰尊玛和贝拉活佛结伴来到贡塘寺，对贡塘寺作了供养。他在央哲香地方从俄师索南丹增学习俄尔的传承法类，又到扎唐从夏鲁译师曲郡桑布闻习红阎曼法。他到桑耶寺恢复了赤松德赞时的几种传统风俗，在中间佛堂内建立了如来密集坛城，进行宏大修供和祈愿法会。他在洛卓对古如僧众普施佛法甘露，并与嘎陀·索朗坚赞、一些善知识互传佛法。他在央宗和钦浦静修地修持时亲见三根本诸神之尊容，之后应邀先后到洛卓、喀曲、散珠德钦、拉卓、玛沃觉、觉沃隆等地广弘新旧密法。这里的寺主娘拉·邬金钦波曾预言说："有位班钦将会复兴佛法传承。"他按照预言，在娘地的东嘎尔斯建立本派讲闻佛法的道场，讲经说法，听者甚众。他在夏多和赞卓修供药师佛，做了益于众生之善事。他主要修学如来密集和"经、幻、心"三部，在父亲和其他上师处对修法八部如来密集法先后学习了25次之多，掌握了全部新旧密法。46岁时，他从桑耶地方掘出装有大量教言珍典伏藏的箱子。他在尼木地方建立修供道场,在旁沃日且地方传授如来密法,在俄尔和赛朵坚地方为许多僧人授沙弥戒和比丘戒。

阿里班钦大师晚年基本上住在桑耶乌查地方,在强巴林寺还从图宗·索朗南杰听受佛的平等修持法,给该师还传授了空行藏的灌顶、指导等密法。为使佛法兴盛不衰,他和胞弟仁增都琼多杰邀请止贡巴·仁钦平措来桑耶寺,对寺院重新作了隆重的开光仪式,祈祷藏区长治久安,民众安乐幸福。从此,兼任西藏地方政教领袖的止贡巴·仁钦平措也成了他的上首弟子。他在密法修习方面的功夫很深,最后获得正果。据说他练就一身特殊功法,能穿岩钻壁,在水上行走如履平地,攀险崖似鸟儿轻飞,成为一位传奇式的佛教人物。佛教界,尤其宁玛派僧众对他的一生作出了这样的评价:阿里班钦·白玛旺嘉是一位通晓大小五明的大班智达,他精通显密经论,是一位对新旧密法一视同仁的大格西,他是具有断证功德的大修士,是能克制反感和忍受艰难困苦的瑜伽师。

他著有一部《自性大圆满道支分三律仪论》的书,简称《三律仪论》,全书总论九乘建立,分论别解脱、菩萨和密乘等三种律仪,是宁玛派在戒律方面的一部重要著作。

阿里班钦大师于藏历第九饶迥之水兔年(1543年)在桑朵贝吉山静修时无疾示寂,享年56岁。

钦泽·丹贝坚赞

——兼通宁玛、萨迦教法的大学者

钦泽·丹贝坚赞,后藏珀东地方人,父亲南喀·多杰才丹,母亲才旦乌占。据说藏历第九饶迥之木阳猴年(1524年)该师是口中念着藏文"阿"字而生,令家人十分惊奇,父母为他取乳名措协仁钦。占卜师观察后预言:将来会是一位精通几种教法的特殊人才。这在其年幼时期已表现得与众不同,饮食方面,措协仁钦与传统习惯大相径庭,仅食糌粑、乳品,对肉食,不但不吃,连看都不看一眼。当看见人们宰杀牛羊时,伤心得泪流满面。父母见自己的孩子跟别的孩子不一样,也就随他了。年仅1岁左右,上师果仁巴为其授密法灌顶和喜金刚灌顶,所授灌顶皆清楚地记于幼小的心灵。三四岁时,他主动在佛像前多次祀供,还双手合十,口中流利地念诵祈祷文。更奇怪的是从没有人给他教过梵语,而他却将家中所用的器物全能用梵语说出所对应的名称。他也玩耍,但也仅是些作灌顶、修寺庙、习禅等内容。五六岁时,喜欢单独就寝,

宁玛派

据说他还经常亲见父祖辈的护法本尊神。一次,由多杰羌贡嘎勒巴为他授吉祥萨迦派的几种教法灌顶时,他将赞颂印度瑜伽自在师比瓦巴(将喜金刚法和道果密法传播到萨迦派的一位上师)的颂词脱口而出。在学习文字拼读时,稍授即会。8岁时,在贡嘎勒贝郡乃尊前受戒披剃出家,取法名钦泽·旺秀丹贝坚赞,简称丹贝坚赞。之后,在加央阿里拉钦尊前学修佛经念诵法,一个月间,将梵藏文拼读书写及一些经卷的念诵全部熟练掌握。他还说文字是一切知识的源泉,须下功夫学好,并在菩提木简上书写藏梵文正字法,字体美观大方。

一次,钦泽·丹贝坚赞与萨迦派察尔支派的创立者察钦·罗赛嘉措相逢,听受了萨迦派的许多教法,尤其是该派的密宗法。据说察钦上师专门到钦泽·丹贝坚赞处给他献上一方黑锦缎和一些黄丝绒,请求他将大、小贡保护法神作察钦的护法本尊,钦泽·丹贝坚赞满足了察钦的要求。从这件事不难看出,钦泽·丹贝坚赞年轻时就已拥有很大的法力。

20岁时,他已具有法意圆满之相,先后依多杰羌果仁巴、察钦·罗赛嘉措、杰敦等上师修学了无量教法,并付诸实修之中。又从几位上师受比丘戒。后来,西印度纳嘎果扎国王子马纳噶那塔(曾获无死成就,名曰佐格)从上路进入雪域藏区,专门拜访了正在禅修的钦泽·丹贝坚赞,佐格王子说:"我为了寻访古如大师(尊钦泽为宁玛派古如上师),前后三次到过卫藏。第一次来访时,你正在慈母怀中吃乳,未曾见到;第二次来访时,你还是一个稚童,只远远见了一面;20年后第三次来访时,正好与你在修持中相逢。"钦泽·丹贝坚赞听到此言,喜出望外,遂从佐格成就大师聆习"莲花生大师三身法的修持法"和阿德达那所传"亥母加持法""幻风秘决法"等一些宁玛派甚深稀有教法。佐格说:"你若思念我时,以《善说金钥》之论,撰述一些理论文章,因宁玛派的一些密咒有与藏语和印度语不相符之处,当今一些居家密咒师留着长发,只念诵密咒而很少修学正规宁玛派新旧密法,他们中有些人所学经典是假伏藏,要识别真假,不应以假乱真,应劝导他们修学宁玛派的正规教法、伏藏经典,即邬坚仁波切的教法和一些宁玛派高僧所著的经典及所掘真伏藏,将他们引上佛教的正道。"钦泽·丹贝坚赞聆听了成就师佐格的一番教诲,心生极大悔悟,心中又燃起了伏邪扶正的正义火焰。他决心消除宁玛派中出现的一些不正确的倾向,又坚定地反对仇视宁玛派教法的一些派别。依据当时的情况,他提笔写道:"几部朽书将人引上歪门邪道,几部腐密令人身心不安,变坏之人不会仅做善事,还将自己引向地狱之道。正值此时,从圣地印度有高人前来传授甚深教言正法,将人引向信仰

宁玛派

之道，这都是大成就者佐格的恩德。"

之后他又从藏·达那图旦上师学习法相学，精通了因明论。自仁果巴上师逝世后，在察钦·罗赛嘉措座前聆听萨迦派的总教法和其他许多密法后，进行实修，成为萨迦派精通不共秘法的教主。察钦上师以慈爱的心情赞颂他道："在卫藏康的福地上，欲求深法者虽不少，吾信赖的非你莫属，寄予你继承多仁巴教法的厚望。"说完遂将了义教法交付予他，并进行了灌顶，又将昆若喜饶次臣的伏藏也交给他。

至于宁玛派的伏藏方面，钦泽只说他发现了伏藏和伏藏密码，但没有说过获得伏藏之语。他确认了四大伏藏师，即白玛嘉察·止贡仁钦平措、穆居列绰林巴·贡嘎巴桑、乃萨哇·朵欧林巴·钦泽旺徐、昌郭德东·喜饶沃赛四人。据五世达赖喇嘛讲，此师因兆头错过而未得到伏藏。又据一些伏藏师说，由于藏地福泽浅薄，加之晦气所污，故未能得到珍贵的伏藏，只迎请了一部在奇异黄纸上撰写的言集。

尔后，他从日沃扎桑寺被持密仁波切邀请到一座新寺中，从师听受了一些伏藏经，尤其直接听受了大圆满修持教导。此时，他一连几次梦境中梦见在一座神殿朝礼了邬坚仁波切的泥塑像（一尊莲师与明妃合修之像，据说信徒们对此像不太敬信而将其变成泥像）。这时阿里仁增大师来到博东地方，钦泽·丹贝坚赞即刻前往拜见了这位大师，并从此师聆听了许多教法。

　　后来他又参加了后藏仁蚌巴头人选任沃佑丁玛寺法台之会,据说早在他16岁那年,一次梦中有一美妇前来,拉着他的手从天路来到大山边,山边有一座寺院,她说这就是你的住处。此地即后来的塞仁钦冈,他成了这座寺的住持。他在此寺为僧众连续讲授佛法教言,灌顶指导,实施药物配制法等利济众生的活动。在此期间,他修建了一座名叫巴智南加卓的山寺,在他卸任法台后常住此寺修法传法,培养了一批佛学弟子。这之后,他遵照结氏贡钦的转世嘉英慈诚桑姆的授记,去夏鲁寺担任该寺的法主,在寺中广传大乐吉祥天母八法等甚深密法,修复了以前布敦大师留给后世的许多善法,并举行了佛殿和拉章维修后的开光典礼。

　　总之,这位广慧自在毫不懈怠地修持生圆二次第的大成就者,在他的一生中,修学萨迦派许多教法达到通达的同时,主要修学莲花生大师的金刚教言等神圣教法,不过他对持金刚铃杵之法、绘制坛城、修佛身像、制作各种法器等也修学娴熟。用钦泽·丹贝坚赞自己的话说:"所尽学者为萨迦派经论,而所精通者为宁玛派教法。其实我的修学和修持不分宗派,一切经法利济众生是其核心。"

　　该师卒年无载,待考。

仁增邓都多杰

——密乘金刚持大师

仁增邓都多杰是一位知名的大掘藏师,他除在卫藏学佛外,大多时间都在康区学法、弘法、掘伏藏,所以在康区名气很大,是深受宁玛派僧众敬仰的一位大德。

他于藏历第十饶迥之木阴兔年(1615年)出生于康区德格努普地方,父亲是岭之世系大智者鲁智,母亲波勒玛。幼年时从父学习藏文拼读书写和简略的医学知识。从小进入贝龙智上面的法苑,从德格大成就师贡嘎嘉措披剃落发,取法名贡嘎索南群佩,据说曾在一块石头上留下了脚印,这块脚印石现收藏于大经堂东门背后。他还闻思研究过萨迦派经典,对经典的心要,如饥似渴地去寻求。之后去了名叫穆桑的修行地,从前来迎请他的官却坚赞聆听大圆满等甚深教法多种,经反复研习而领悟通达。这以后他前往卫地,在娘布(宁布)地方与大成就者扎西才旦相逢,遂从大成就师学习了一些敏珠林寺的教法,他将这些教法与

宁玛派

宁玛派其他寺院的教法进行比较研究，有了新的收获。然后到扎嘎拉曲静修地，断除一切饮食，仅依甘露养生，修炼甚深道脉风明点瑜伽功达到究竟。由于初入法门时的良好缘起，在后藏的俄尔曼（俄尔钦桑布的寺院中）从师听受了萨迦派道果法。之后他在返回康区之时，于旺日地方，在仁增钦莫嘉村宁波前恭听了与自己有关的伏藏深密的大圆灌顶教授和秘诀。后又到布峨颇章玉措勤苦修习热达朗金刚橛无上密法，在那里驻修了28日，聆听了贡汝仁波切讲授的敏珠尔大圆满及其有关伏藏的授记。后与吉祥邬坚丹增上师相见后，将自己修行时所做奇梦详细地告诉了他，请他解梦。邬坚丹增听后，十分高兴而极为恭敬地尊称他为"金刚上师"，奉为"密乘金刚持大师"，并告诉他他已将许多秘密伏藏的目录掌握手中。仁增邓都多杰听了梦释后也十分高兴，这使他对掘取珍贵文献及文物有了更大的信心。29岁时，在柔丹班玛地方，依止嘉译师的暗示，从玉措仁钦扎山崖中掘出伏藏目录；从普兰冬曲德钦密窟中掘出《深密妙法汇集》，作为自己主要的伏藏秘籍，据说以后掘出的皆属于此秘籍的分支。自此以后，次第从查哇卓扎岩洞中掘出《转世精滴》《护法神秘旨》；从布日达宗窟中掘出《秘旨精要胜乐》、"四臂护法神像"等；又从布日协吉央卓中获得寿命、密藏、橛咒三种及《护法精粹要旨》"埃嘎杂德天成神像";从普兰冬曲山之北面山洞中获得拜玉班摩珍藏的《圣迹志》;从多康德格地方绰斯绰嘎岩洞中获得"红黑威德三尊本尊神像";从夏普吉普坚中掘出四面护法神及《大护法持法要略》;从桑耶山顶的一房屋顶部获得《上师持明集》《长寿仪轨秘旨》等物;从羊土神殿(大昭寺)西面的楼房中迎请《耳传顶饰如意宝》(尚未作肯定)。另外,从玉措辛杰、柔增密窟、色若觉、那完宗、达雪吉科塘等秘藏圣地先后掘出了许多伏藏,并开启了以秘藏地班玛果为主的圣地之门多处。获取这些伏藏的同时,也迎请了许多身像、铃、杵、标志等法器法物。总之,掘伏藏圣地达百处,涅槃物件上千件,珍品伏藏十三种。

42岁时,因德格喇嘛贤巴彭措叔侄之请,来到他以前住过的僧舍,这座僧舍已由喇嘛叔侄二人改建成邓都多杰的佛堂,让他住在这里。他为了继续讲经弘法,利益众生和政教事业,安住在了这里。前后莅临嘎陀多杰丹寺等一些旧密寺院中,为许多具缘弟子讲传新旧密宗经论,许多闻法者成了他的弟子。随后他又到普达普扎修行洞中长时间修持,获得了前所未有的悉地成就,所修行的禅洞和茅棚至今尚存。他曾到过朗仓地方,与那里的施主结下了友好的福田关系,在那里制作大慈观音菩萨的修法宝瓶时,出现了几种奇异之兆。后又应阿坝马尔康、巴多、哇马拉

宁玛派

当、类乌齐等地的邀请前去讲经传法,为广弘佛法培养了一批弟子。传法期间,他与南却穆居多杰在波乃扎地方相逢,二人取长补短,互为师徒传法,皆获得了不同的佛法甘露,增长了学识和智慧。晚年,他在布多德钦塘和玉日冈果二地建立传法道场,普施法雨。

这位大德于藏历水鼠年(1672年),在班玛沃的大宫殿中示寂。其主要弟子有喇宗钦波·南喀晋美、仁增隆赛宁布、巴喀活佛却吉嘉布、佐钦、班玛仁增、耿桑·钦达龙珠、智钦班玛诺布等。

司钦·曲央让卓
——五世达赖密法上师

宁玛派

司钦·曲央让卓系司仁增家族后裔,父亲是仁增钦波古玛杂的化身司钦·循努端智,母亲是具空行母名号的参丹英增。该师于藏历第十饶迥之木龙年(1604年)出生,出生后被认定为仲巴贡却仁钦的转世。他从小始学藏文字母、文法、经文念诵以及印度梵文,并跟父亲学习实用的修炼法。9岁拜见相瓦仁增阿旺上师,上师预言道:"他将会对旧密佛法做出极大的利益。"自此,他不但修学宁玛派的各种法类,还学习佛像绘画、天文历算和旧密咒言,学一门通一门。12岁时,从昂沙仁波切阿旺益西智巴闻习"八法""空行精要教言"等密法,同时彻底修学了上师俄乌嘉措、嘎朗息绰贡巴让卓等的教言,接受息绰的密宗灌顶仪式,取密号"曲央让卓",另外还听受了一些伏藏法类。在桑巴达里地方三年间主要实践大圆满空行精要的嘎斗和天成要义诸法,揭穿了许多伪言伪经,通过潜心修持,获得了一些成就。

17岁时开始在多杰羌帕旺喀巴班觉参坚上师尊前，恭敬侍奉上师，直至上师示寂。因得上师欢喜，上师在有生之年将自己拥有的教法、伏藏法类等全部传授给他。

上师传授的主要内容有《吉祥密续心要根本》《八卦释说》《藏译雍仲注释和合讲说》等经教，每日讲授两课。上师建议他对一些疑难问题可以做些笔记，没过多久，他就将上师所讲经教整理成笔记呈献给他。

木鼠年（1624年），他20岁时，再次受近事戒，之后受比丘大戒。他对《十方心要注释除暗》进行了详尽考察，同时对《密集注疏明灯四合集》《五次第明灯》《胜乐隐义普明》等经教进行了悉心钻研。火虎年（1626年），22岁时，进入康区吉祥泽当寺，在冬季法会上初次为僧众讲授《密集心要续》经论，他讲经时语言清晰流畅，言简意赅，听法者易懂易记，故颇得一些大师的赞扬，相巴仁增大师还为他献了哈达。法会后，他从帕旺喀巴上师聆习了"隆赛心要教言及秘决""贝惹哇的幻化"等新派的许多"猛厉密咒"，依法刻苦修持一段时间后，获得了比以前更大的成就。

当司钦·曲央让卓正在学经修法之时，止贡噶举派和格鲁派之间产生不和，致使甘丹赤巴和名僧受害，曲央让卓悉知这一情况后，出面进行调和。司钦为五世达赖传授

宁玛派

了制伏等方面的经咒和威猛真言等息、增、怀、伏四业的广博经教，使五世达赖在宁玛派密法方面有了极大增益。同时还为五世达赖传授了金刚橛三法规和八修诵三法，以及晋美岭巴所著《大圆满悟境精义》等经教，让五世达赖将大圆满法正确无误地了义通达。

当时五世达赖亦为缓和教派之间的矛盾，到各教派寺院讲经说法，尤其对宁玛派教法和寺院特别关注，颇得宁玛派僧众的称赞。

司钦·曲央让卓曾将仁增班玛赤列认定为北伏藏秘主仁增阿旺的转世灵童，通过宗教仪式，让其坐上了图旦多杰扎寺的法座，成为北伏藏多杰扎寺的法主。

司钦·曲央让卓后半生主要驻锡于下部贡塘地方，曾先后主持叶巴寺、贝嘎等寺院，用佛法引导僧众和大小活佛走上成熟解脱之道。

其亲炙弟子众多，主要弟子有五世达赖喇嘛、涅多钦波·赤列隆智等。他于藏历第十一饶迥之土鸡年（1669年）圆寂。

白玛仁增
——四川甘孜佐钦寺创建者

宁玛派

白玛仁增,四川康区类乌齐地方(今西藏昌都类乌齐)人,于藏历第十饶迥之木牛年(1625年)生。父亲因精通尼泊尔工艺学,故有尼泊尔扎西之名。童年时,父亲到昌都强巴林寺当工匠多年,白玛仁增也随父亲住在强巴林寺,在这里他对佛法产生了兴趣,常模仿僧人出家时受戒的姿势。10岁始学藏文读写,不久即从噶玛秋美学习佛经及伏藏。接着又听受然德喇嘛的静猛法、金刚橛、马头明王法等的教言。23岁至29岁,专注于密法修习。秋美仁波切对他说:"未受正法之前不能授大圆满法。"他对旧密法,尤其对大圆满法表现得如饥似渴。他拜了从南面来的几位大师学习大圆满法,之后按经师之意以一个离家修行者的模样去波密地方,在波密他拜会了伏藏大师仁僧都琼多杰,大师预言他将会成为佛法弘传之主。他又从更庆大师听受了明王和亥母等法的教言。一位名叫慈诚丹增的瑜伽密师说，他好像是禁行师觉巴布日巴和那若巴的弟子帕仓巴。另一瑜伽密修士认为他是朗热玛智·弥尼洛哲仁钦之化身。又从佐钦·索朗旺布的亲传弟子巴喀活佛仁增嘉措学习空行精要的灌顶、教言，以及嘎达龙智的殊胜教诫等。由于他修学密法和大圆满而名盖一方，从此便有了"佐钦巴"（即大圆满修行者）的名号。在波密修学3年后，返回故里，博得上师噶玛秋美的欢心，上师又给他传授了都琼多杰所掘的新伏藏灌顶和教言。

水兔年（1663年），白玛仁增师徒一行经康区前往西藏，经过青海玉树，从柏海（今青海扎陵湖、鄂陵湖一带）进入西藏，一路上为许多求法的僧俗施予广大佛法，并为服侍他的弟子达钦尼扎剃度出家。木龙年（1664年），他到达前藏热振寺、达隆寺，献哈达朝礼，并给僧人放布施。抵达拉萨后，拜见五世达赖喇嘛，献上马匹、鞍具等物品作为觐见礼，之后朝礼大、小昭寺和布达拉宫，在释迦牟尼佛像和不动金刚佛像前敬献哈达，又先后到堆隆楚普寺、乌香多寺、周央宗、多杰扎寺和桑耶寺，每到一寺敬献哈达、供物、涂金等。在敏珠林寺朝礼时，拜会了邬坚德达林巴、寺主却吉旺布、白嘎旺加活佛等，奉献马牛等礼品，听受了修法八部和隆钦巴大师的《七宝藏论》等密法，他又给寺主却吉旺布等人讲授了阎曼法王命主法、长寿灌顶等法。

宁玛派

离开敏珠林寺后他前去洛扎喀曲、策兰贝日、拉摩喀、华日普溶、都绰拉卡（西藏尸林）等地静修了几个月。其间与这里修密法的桑波多杰密修师结识，并从他闻习了六平等法，还从其他修法大师学习了许多教法，又从都绰拉卡到昆塘寺、洛卓寺、赞卓寺等圣地朝礼修法，另在热琼哇的转世活佛处聆听了热琼哇传出的耳传法类。之后返回桑耶钦浦住修，其间一些弟子先回康区了，他将尼扎等5个较有成就的弟子安置在琼结贝日寺学法传法。白玛仁增本人在钦浦静修了3年，修行证悟的功德不断增长。这时又有五世达赖喇嘛的贴身老僧等人，以及色拉、哲蚌等寺的活佛、僧人前来求法，他皆满足了他们的求法愿望，还专门给五世达赖喇嘛传授了证悟增长之要。五世达赖喇嘛赞颂他说："康巴佐钦巴的证悟讲授是真实而无虚的，是一位开启证得广大智慧和成就大自在的顶饰。"他还说："你去多康地区建寺弘传佛法、教化黎民将会有益于佛教和广大众生。"

土猴年（1668年），白玛仁增一行去门隅的杂日神山转山朝圣，在神山之顶的协冈雪多杰饶处建立静修道场，闭关修习。在解除静修后转道去黑河的路上，他给这一带的僧人、牧民、苯教徒等僧俗传授佛法，把献给他的财物返供给佛寺和这里的贫苦牧民。在黑河喀尔哇和斯若却朗等地又闭关修习了几年，成为一位真正获得藏密的成就自在大师。另外，他还通晓星算学、诗学等五明中的学科，在显密诸论的造诣方面达到了顶峰。

白玛仁增对五世达赖喇嘛的嘱托时刻铭记在心中，遂从黑河经玉树返回康区。木鼠年（1685年），在德格土司阿旺扎西的支持下，在日沃格杰的地方集资创建了格杰佐钦寺，这是康区继嘎陀寺之后的又一座宁玛派寺院。他在佐钦寺内大兴讲、辩、著的学风，使其盛名远远超过多杰扎和敏珠林寺。西藏、安多到这里学习深造的宁玛派活佛、僧人络绎不绝，尼泊尔、不丹等国的宁玛派僧人也来佐钦寺求学，该寺还为外国来的留学僧人设有专门的基金。佐钦寺有一百多座属寺，遍布阿坝、玉树、甘孜等地区。

佐钦寺建成后，德格赤钦·桑杰丹巴向他顶礼，尊为教法施主。木牛年（1686年），他又在拉年斯绰多吉雍仲的左侧一处名叫如丹吉查木的沟中，修建了邬坚山木丹却林寺，意译为"邬坚禅定寺"。

白玛仁增圆满完成了讲经、弘法、建寺的大事后于藏历第十二饶迥之火牛年（1697年）正月初五摄色身于法身而示显圆寂，享年72岁。

他的主要弟子有尼玛扎巴、然坚巴丹白坚赞、南喀沃色、却吉旺布、加央扎巴、佐钦·隆佐塔哲、仁增隆沙宁布、

宁玛派

噶陀·嘉赛索朗德赞、噶陀·章南喀嘉措等三十多位。

其著作主要有《大圆满基道果三位之秘决义·晶鬘》《游行记》《祈求喇嘛的瑜伽、赞颂、祈祷文集》《自传》《见行修经验道歌集》等。

德达林巴·仁增居美多杰
——敏珠林寺创建者

宁玛派

德达林巴·仁增居美多杰,"德达林巴",意为"伏藏大师",仁增居美多杰是其密宗法号,意为"持明不变金刚",该师本名耿嘎乃智仁青旺嘉,是宁玛派一位佛学造诣精深的高僧,通晓大小五明论的大学者,培育高足的雍增(经师)。

他于藏历第十一饶迥之火狗年(1646年)二月初九出生在前藏雅鲁藏布南岸的山南扎囊达杰却林寺。父亲尼敦桑斗·赤列隆珠是一位著名的密宗大师,精通显密经论,母亲拉增央金卓玛,祖父东珠旺加在他出生之后给他起名耿嘎乃智仁青旺嘉。

仁青旺嘉4岁时,父亲给他讲授密宗八法大圆满的基础教言。5岁时,母亲带他去拉萨,在大昭寺释迦牟尼佛像前顶礼。朝礼后回到寺院,开始学习藏文写读和本宗派的顶礼、修供及灌顶、教言、随许、开光等,皆无难而会。

11岁时,随父前往拉萨哲蚌寺,拜见五世达赖喇嘛阿旺罗桑嘉措，由五世达赖喇嘛给他剃度出家，取出家法名阿旺白玛旦增，其父和五世达赖喇嘛成为他的上师。12 岁时，他先后从精通成熟解脱密法的 16 位持明大师、通晓各种深广教法的 35 位经师学习《北律教言》《修法八部灌顶》《三律仪论》显教经论和密宗幻化、心识部三法、平等修法、金刚橛、阎曼德法等旧译密法。13 岁学习《宝性论》《心性安息论》《如意藏本释》等密宗经典，后又广泛听受努·桑杰益西、三索尔、绒松巴等大德的教法，以及萨迦班智达的《三律仪论》、觉丹热智的《总论》，尤其对隆钦饶绛巴大师的著作进行深入研习后，智增慧广，显密双融，成为知识渊博的密宗大师，取密宗法号"居美多杰"。

仁增居美多杰 25 岁时，即藏历金狗年（1670 年）四月十二日，五世达赖喇嘛给他选择了建寺基地，并为他提供了资金等其他条件。31 岁，即火龙年（1676 年），敏珠林寺在山南扎囊县境内圆满建成。这座寺院是宁玛派在山南规模较大的主要寺院之一。建有大佛殿、朵甲德央殿、经堂、怙主殿、供品殿、无量殿、寝宫、拉章、铜佛殿及僧舍百余间。之后他到扎玛尔钦浦、雅玛隆等修行地和新旧寝室、茅屋中闭关修习。修习的内容主要有修法八部、金刚心、观音菩萨、金刚橛、阎曼德、马头明王、空行等 35 位本尊神的观想、念诵和仪轨，经勤修后证得了生起次

宁玛派

第。

39 岁时,他又集资建成喇章法轮殿,周围修建了帝释天乐园、如意殿等小型殿堂。金羊年(1691 年),他 46 岁时,修造了衮本通卓吉祥多门大佛塔等,迎请了古印度铜像、内地铜像、藏式神佛像多尊为寺院的主供像,另绘有唐卡等。各种佛像、神像、唐卡、堆绣及法器、供器琳琅满目,金碧辉煌。藏有《甘珠尔》大藏经为主的般若广论、般若中论等多函,《丹珠尔》大藏经两套,伏藏经原本、大藏经《甘珠尔》《丹珠尔》中的部分经典的注释本,口诵经文、仪轨、传记、教法史等方面的经典不计其数,在藏经殿还有银制如来八塔。

敏珠林寺的僧人从刚开始的 40 人增加到后来的近 300 人,设立四季学期制度,主要讲授以密法根本续精要为主的密宗经典 13 部。13 部中以传授"南藏"为主,附带传授宁玛派"三索尔"以来所传承的佛教经典,故有"南传宁玛派寺院"之称。后来敏珠林寺的寺僧教育制度日趋完善,按学僧程度分设不同班级,按班级设置课程,考试制度比较健全,分三种会考和三种非会考,初级考试有八种经文,中级会考也有八种经文。考试有口试和辩经两种,密宗经文以口试为主。

德达林巴·仁增居美多杰与五世达赖喇嘛关系甚密,

五世达赖喇嘛虽身为格鲁派的宗教领袖，但他从不轻视苯教和其他教派，反而扶持这些教派修寺传法，倡导共同弘扬佛教文化和藏族文化。他曾给年纪比他小的德达林巴剃度出家，但后来又从德达林巴学习密法，德达林巴成了他的密法授业师。据《五世达赖喇嘛灵塔志》记载，西藏的风云人物第司桑结嘉措也曾拜德达林巴学习斯喀·娘尼多吉对《医学四续》的注释，在德达林巴的熏陶下，他的同胞弟嘉色·丹贝尼玛和却白嘉措、襄佐邬巴等都通晓医学、声明学、天文历算等多种学科，成为雪域大学者。当时有一位精通大小五明学的罗赛嘉措上师，常住布达拉宫，为其弟子和前来求学的人讲授五明学及兰札、乌尔都文等知识，蔚然成风。德达林巴为了发扬这种学风，在敏珠林寺设立白玛学堂，从事语言、医学、历算、诗论等文化学科的教学。一时藏、康、青各地较大宁玛派寺院的僧人和一些有身份的贵族、头人子弟都纷纷前来求学，培养了一批学识水平相当高的学者。其中有《循努达美传》和《颇罗鼐传》的作者朵喀夏仲·才仁旺嘉，以及多仁班智达、昌都的帕巴拉、郡王索南多杰、萨迦大乘法王耿嘎扎西等。其中年轻的郡王颇罗鼐索南多杰因自幼聪明好学，曾到山南敏珠林寺为寺主德达林巴献上三百两纹银求学佛法及大小五明，他的修学为其将来的仕途奠定了基础。由此，敏

宁玛派

珠林寺成了有名的学府，学风日隆。原噶厦政府下面的僧官学校的校长"格干钦莫"向例是从由敏珠林寺的僧人中委派。

德达林巴于藏历木马年（1714年）圆寂，享年68岁。

仁增耿桑喜饶
—— 四川白玉寺的创建者

宁玛派

仁增耿桑喜饶，意译为"持明普贤慧"，四川甘孜白玉境内阿却地方人，生于藏历第十一饶迥之火鼠年（1636年）。祖上为"嘎氏"，其父多杰，母古如措。耿桑喜饶自幼就懂得同情别人，爱护动物，年稍长，就学习藏文拼读，念诵嘎陀寺口诵短篇经文，拜噶杰·却郡嘉措为师披剃出家，受近事戒，取法名慈臣嘉措。又从章·曲尼嘉措为师，5年间学习了"大手印俱生法"深广教法及其他方面的教法，然后依所学密法刻苦勤修，坚持不懈。章师还将他从自己上师赛罗丹巴坚赞处学到的大圆满自生自显法和大圆满深密教导、《经部密意集合经》、"显宗大灌顶"等显密诸法传授给他。经反复诵修，皆洞达其意。之后又在克珠白玛洛哲为主的几位经师处学习了许多深广的显密经论、教法、教言、秘诀、修习法指导及五明学科的知识，成为一名显密兼通的学者。

慈臣嘉措为了在显密经论方面研习得更深一些，前往西藏求学深造，半道上悉知持明大师穆居多杰的盛名后放弃了去西藏的打算，而改道去了俄多拜见持明大师。与大师一见面顿生敬信，持明大师也认为他是自己不可多得的弟子，遂留门下做内侍，给他取名耿桑喜饶，意为"普贤慧"，并将所有经论的灌顶、教言、指导等传授给他。当持明经师要去德格和麦康（下部康区）时，他作为侍者同行。师徒二人到嘎陀寺朝礼，并在寺内讲经说法，为寺献了会供基金。从嘎陀来到麦康，再到孟桑，到处广转法轮。后来复到距嘎陀不远的白玉地方，上师说这个地方风水极佳，可在这里建寺弘法，并对该地作了加持。在德格土司的大力支持下，于木蛇年（1665年）集资在白玉南嘉泽动工兴建寺院。先后建起了佛殿、经堂、僧舍等建筑，寺院初建后，取寺名"白玉南嘉相曲林"，意为"白玉殊胜菩提寺"，简称白玉寺，招收当地500陀尊（尚未出家的信佛者）出家为僧。这时寺院已初具规模，成为三宝俱全的又一座宁玛派佛寺。最初想邀请为建寺做出贡献并招500人到寺出家的赤秀活佛担任寺主，但赤秀活佛坚辞不就，遂邀耿桑喜饶为寺主，成为该寺的第一任活佛，这时他才30岁。他为前来出家的人披剃落发，授居士戒。上师将一些伏藏珍品交给他说："这些殊胜的伏藏是邬坚莲花生上师布施给你的，请为佛教和有情众生广做有益之事吧！"

耿桑喜饶成为寺主后，忙于讲经传法和佛事活动，后惊闻上师去世，他前往料理后事，制作灵塔安葬。之后到乃朵拜见秋美活佛，请求授比丘戒，秋美活佛给他授比丘戒后，在其名"耿桑喜饶"之前加上了"仁增"二字。所以他的比丘全名就成了"仁增耿桑喜饶"。他在秋美活佛处又听受了许多密法，并接受了秋美活佛给他作的金刚灌顶。他又辞别秋美活佛去波密，准备拜见掘藏大师都朵多吉，在半途中听说那里发生乱事而未能成行，只好给都朵多吉大师寄去一封问安信，复返回白玉寺。他为了寺僧能持戒学法，再三给僧众讲授寺规条例、佛教律经。他自己以身作则，严守寺规，持戒修行。他又恭请德达隆萨宁波来白玉寺担任法主，自己在法主处继续学法修持，从35岁开始到下半生从未间断。在生活方面，他立誓不食荤、不沾酒，只有一块坐禅蒲团，别无他物。由于他的影响，在寺僧人也像他一样，禁荤戒酒，学经修禅，持戒守规。

仁增耿桑喜饶觉得在寺不甚清净，烦恼较多，决定离寺去拉日沃沙岗的日绰（小山寺）静修。在这里他住在一间茅屋里苦心习密修禅，据说最后达到了身热发光的境界，闻其名而来这里拜师学法的弟子又多了起来。他将供养全部用在扩建寺院，塑造佛像、佛塔等善业方面，自己一点也不使用，他所提倡建立的"见解脱、受解脱、触解脱"修习之风经久不衰。由于他长期坚持讲经修法，在果洛、阿坝、甘孜、昌都等地组织僧团讲经传法，逐步建成了一批寺院，都是白玉寺的属寺。后来他将胞弟白玛益希嘉措安置在柔昌寺当住持，他的寺主之位让给侄子白玛龙珠嘉措。

仁僧耿桑喜饶于藏历第十二饶迥之土兔年（1699年）圆寂，享年63岁。据说遗体被光所化，头颅上出现了藏文"阿"字，形成了许多舍利子。

他一生有三部著作，一部是《三律仪注释》，一部是《依止上师法》，第三部基本上是他制定的寺规，即他写的《酒与女人的不净之过》。

洛钦·达摩室利
—— 宁玛派著名佛经翻译大师

洛钦·达摩室利，西藏山南宁玛派著名翻译家，"洛钦"即是大译师之意，达摩室利为梵文别称，他于藏历十一饶迥之木马年（1654年）出生在西藏山南扎囊地方的达杰却林寺。父亲是一位宁玛派密法师，名叫敦桑斗·赤列隆智，母亲拉增央金卓玛，父母给他取乳名勒巴东主。8岁时同兄长仁增居美多杰一起到琼结贝日和桑耶钦浦修学宁玛派教法。13岁时，由一位掘藏师披剃出家，取法号丹增加央旺波，与敏珠林寺的创建者仁增居美多杰是一母同胞兄弟。15岁又到拉萨在五世达赖喇嘛尊前正式出家并受沙弥戒，取法名阿旺却华。19岁从上师东珠旺加学习历算学，从达隆成就师阿旺色却学习声明论，从伏藏喇嘛学习诗论和声律学。20岁在五世达赖喇嘛尊前受具足大戒，之后到敏珠林寺任格贵（经院掌堂师，俗称法棒喇嘛），主持管理经院法规法行。27岁时，受五世达赖喇嘛之命，由堪钦·官却

宁玛派

旦增依下律部之仪轨授予比丘戒，从此开始学习藏传佛教的共法和不共法，并皆洞悉通达。他一面立宗讲、辩、著，一面给前来要求受戒和学法的人讲授宁玛派教法。他弟子比较多，其中既有其他教派的活佛和高僧大德，也有西藏地方政府官员和名人，如萨迦达钦·阿旺夏嘎扎西、雅卓林夏茸师徒、彭措林比丘郡乃、达那哲沃活佛、昌都帕巴拉·嘉哇嘉措、德格喇嘛然坚巴、颇罗鼐·索南多杰、大文豪朵喀哇·才仁旺加等。

达摩室利译师的著作有《密主意饰》《密主言教》《时轮立体坛城建立本释·明灯》《声律论注释·星宿鬘》《五星算·月光》《密集金刚灌顶仪轨·阶梯》《戒律学仪轨·宝梯》《教授法概要》《箴言故事》《解梦指导》《歌集·明灯》《藻饰词·海中一滴》《诗论·海之精要》等共70余种。

洛钦·达摩室利于藏历土狗年（1718年）往生刹土，享年64岁。

嘎陀仁增钦波·策旺诺吾
——证得旧密大成就学者

宁玛派

嘎陀仁增钦波是一位获得旧密法的持明大德,也是一位藏族历史学家,尤其精通后藏阿里三围之历史。

他于藏历第十二饶迥之土虎年(1698年)出生于多麦沙安索瓦地方,父亲名叫阿德公保,亦名觉沃嘉,母亲名郭萨·多杰措,出生后被认定为窦拉班玛诺吾的转世。5岁至17岁,从其舅父大成就师班玛德钦林巴等上师聆习了许多显密经论,并坚持依法修习。依嘎陀嘉色受近事戒,从斯芒齐仓·桑热嘉措听受了许多教法。木羊年(1715年),18岁时,从多麦起身,经康区、波密、山南工布抵达拉萨,朝礼了大、小昭寺及布达拉宫。然后从前藏进入后藏,几年间在这里依止上师修学各教派诸论,其间从后藏去尼泊尔朝礼,不久又返回后藏。之后又从卫藏回到了多麦,依朱倭夏茸的预言,在至尊贡嘎桑波尊前聆听了觉囊派的六支加行密法,又师从朱倭仁波切等多位上师,进行了一段时间的修学,通达了闻思之道,同时修学教派论和语言学分支等学科而成为通达者。之后再次赴前藏,从精通因明学的大格西阿旺强巴修学了"语教"(即有关如来教法的论议)。这时他被颇罗鼐郡王之台吉师徒等尊为"顶饰上师"。水兔年(1723年),26岁时,从卫藏又返回多康,前往甘孜白玉县嘎陀寺,受到全寺僧众的欢迎,并住持嘎陀寺,其嘎陀仁增钦波之名由此而得。当年年底,从白玉嘎陀寺又赴卫藏,经拉堆定日地方又去了尼泊尔。火羊年(1727年),30岁时,从尼泊尔返回阿里地区的芒域,在这里的几年间他一边修持,一边搜集有关阿里地方的史料。31岁时又前往尼泊尔,受到尼泊尔王的尊崇,对尼泊尔的著名大塔夏容喀肖举行了开光仪式。从尼泊尔返藏后,他曾到过涅美格日等一些静修地,作了短暂的修持,又先后在工布、波密地方驻修,并筹资创建了几座规模不大的寺院。木牛年(1745年),48岁时,他在山南尼洋河上游的工布娘喀那萨隆驻锡时,撰成《西藏赞普世系·简明史》,据说史料翔实、内容简明,是一部不可多得的王臣记,可以与其他王统记相互印证补充。土龙年(1748年),嘎陀仁增钦波与司徒·却吉郡乃活佛(1700—1774年)一起第三次赴尼泊尔,经尼泊尔国王的请求,由他主持对著名的夏容喀肖大佛塔进行了全面修缮,为尼泊尔佛教做出巨大贡献。

宁玛派

之后在那里广转法轮，受到了尼泊尔广大僧众的高度敬仰。后在由尼泊尔返回藏地途中经洛若孟塘（即名曰阿里贡塘的贡塘萨峨普）驻修一年，在这里又搜集了阿里贡塘王世系的有关史料，著成了一部比较详尽的介绍阿里地域和阿里王系的史书，名曰《藏族贡塘王族世系在芒域形成的历史·清凉幻变明镜》。

55岁时，上下塔波之间发生了内讧，他向西藏地方政府提出了和解的建议，当时主持政教大权的是七世达赖喇嘛噶桑嘉措，当收到嘎陀仁增钦波的建议书后，即刻发布命令，让嘎陀出面调解此事。嘎陀在上下塔波驻锡一年，了解发生内讧的原因、塔波地方头人的思想动态，以及农牧民群众的意见，以西藏地方政府的名义和自己在僧俗当中的威望公正地进行调解，双方都愿接受嘎陀的调和，最后达成协议而重归于好。

该师于50岁以后潜心修炼，最终证得了神通妙法。他还是一位掘藏师，从藏协地方获得了几件圣物，从盖绒金刚崖密洞中掘出几部秘藏贝叶经，还掘出明王天女的法类，献给了七世达赖喇嘛。

嘎陀仁增钦波·策旺诺吾于藏历木猪年（1755年）在阿里吉仲圆寂，年仅58岁。

其著作除上述两种外，其他据说在《拉塔王系》一书有详目，其传记由绛曲多杰所撰，但未觅到此资料，故其传略只能从《郭扎佛教史》《东嘎藏学大辞典》《雪域历代名人辞典》几书中综合写成。

其著名传承弟子有噶玛巴师徒、竹巴仁波切、司徒仁波切等。

钦则沃色·晋美岭巴
——宁玛派『广慧』大师

钦则沃色·晋美岭巴，钦则沃色是本名，晋美岭巴是法号，俗称"钦则仁波切"，意为"钦则活佛"或"钦则上师"。他是18世纪宁玛派在西藏的又一位泰斗，博得"广慧"的称誉。

钦则沃色，于藏历第十二饶迥之土鸡年（1729年）生于西藏约如地区的琼结红陵一带。6岁皈依佛门，少年时天赋睿智，一学即悟，过目不忘。他先在琼结大乘寺（俗称白日寺）中以一个普通僧人的身份学经3年，主要学习了藏、梵文拼写念诵，随之又学习《三律仪论》，听受了伏藏经典的总论和分论，皆无难而通。

据说他十几岁时，对莲花生大师极为敬仰，口中常念诵大师真言，煨桑祈祷，希望能得到大师的教言，相传他一生两次亲见莲花生大师的尊容。十几岁时，他正发奋攻读显密经论时，亲见莲师和文殊智尊出现在红光中，他即

宁玛派

起身叩拜，遂授给他密法和智慧灌顶，从此，启开了他的智慧和修习之门，对许多显密经典能无师自通。25岁时到一些静修地一面修习密法，一面继续学习各教派经论。此阶段，他还撰写了《上师密集仪轨疏释·钦则明镜》。29岁时，他第二次看见莲花生大师以智慧法身的化身骑着狮子出现在他眼前，递给他一个宝箧，说了几句真言后消失。他高兴极了，打开宝箧一看，里面装有黄纸五卷，上书空行教言，还有豌豆大的七粒琥珀。当他得到了朝思暮想的教言和加持圣物后，如饥似渴地学习领会教言，并运用于实修之中，一段时间后，出现了不可思议的证悟（编者按：这可能是他从修持地掘得的一种珍贵伏藏，为使这部伏藏成为真实无伪的圣物，才演绎出莲花生大师以智慧化身赠送宝箧的神秘故事，因为在藏传佛教的高僧传记里描写这类神奇色彩的情节是不胜枚举的）。31岁，他在钦浦哲古沃门天然岩洞中修习心部法3年，从而获得了身加持、语加持和意加持三种智慧加持，智慧广增，遂博得了"广慧"的称誉。这时他编写了《颂词·杜鹃缓歌》和《诀窍遍见教言》二书。

36岁后，他又从敏珠林寺的活佛白玛仁增听受密宗大灌顶法，从大成就贝贡上师听受密藏精要教授，从铁桥大师丹增益西龙珠听受佛平等修持法、旧密全部教言、幻化静猛等法类，另还学习了结手印大法、仪轨程序、坛城绘制法、密法诵音等一些普通佛学知识。此时,他的大圆满修法已达到了相当高的境界,撰写了名著《功德藏本释》一书。之后他到敏珠林寺,看到该寺收藏有大量的旧密、旧译和其他经典,为了便于学习、查找和利用,他编纂了书目并撰写了《旧译密续演说解悟经·遍及世界庄严》等著作。他又应萨迦寺的阿旺白旦曲郡和阿旺更嘎盘德嘉措之邀到萨迦寺,给萨迦昆季传授了北律、密续中精选的金刚橛大灌顶,以及《法界心要伏藏》的教言、秘决指导等成熟解脱的密法。之后,他受西藏山南门隅错那境内的措那寺孜勒活佛邀请到该寺,给这里的僧俗讲了许多佛法,并对这里的圣地进行了供祭,然后在桑耶、日特、昌珠寺、协扎、藏王陵等处进行甘露法、会供,作息、增、怀、伏四业护摩火祭,朵玛和回遮等修习、法事活动。他在卫、藏、康、贡、门隅等地区,会见了许多求法者,并按各自所求分别传授了佛法教授,还讲解了幻化静猛、会供等仪轨。他先后两次到门隅传法,后又到江孜弘法,均受到广大僧俗的尊敬和供养。赛玛寺的堪布和哲蚌寺德央堪布等精通显宗的大堪布也前来拜他为师求闻大圆满实修密法及诀窍。噶丹寺的堪布也来函欲结法缘,他将自己的作品《功德藏本释》一书寄给他们。这些显宗学者从内心钦佩这位密宗大师,甚至有康区德格土司也慕名前来虔诚求密法教言和

宁玛派

灌顶。

藏历第十二饶迥之金猪年（1791年），廓尔喀入侵犯后藏，洗劫了札什伦布寺，清政府派兵两路击退了廓尔喀的军队，讨回了一些被抢的金银及灵塔上的许多宝石，但寺院损失严重，钦则沃色大师闻知此事，前往日喀则，在札什伦布寺释迦牟尼佛前作了盛大供养，并献白银一百多两作为恢复寺院的施供。

后又应图旦多杰扎寺的却珠活佛之邀前去多杰扎寺，受到隆重的欢迎。他在僧伽大法会上讲授了《法界心要》等深广密法，还替"佐钦寺和直贡寺转世灵童之争"这一难题而排疑解难，经他占卜分析后认定灵童是直贡寺活佛的转世灵童，被迎入直贡寺举行盛大的坐床典礼，他还为直贡寺僧众讲经说法。他中年时曾去过克什米尔，为那里的僧徒传授佛法，因而他的弟子遍布藏康地区和克什米尔等地。在直贡寺讲经后又转赴山南桑耶寺，在佛殿内作了盛大供养。他和弟子在赫波日山中掘出一个石箱，内有金刚橛和天铁等伏藏圣物，他将这两件圣物赐给德格土司作为主供物。

此时钦则沃色大师已年迈，身患微疾，经直贡巴和噶伦颇拉作祈寿佛事活动，病情好转。时隔不久，于藏历第十三饶迥之土马年（1798年），这位大众拥戴的大德示现圆寂，享寿70岁，僧众为他举行了盛大葬礼，制造了一座纯银制灵塔，将他的遗体安奉在灵塔殿中。

钦则沃色·晋美岭巴大师一生的著作较多，汇集成册有10函，据说在北京民族文化宫中藏有他的著作，已整理编目。在德格印经院有刊刻版，主要有《功德藏本释》《宁玛派续集释源》《密意集注疏》《法界心要伏藏》《旧续目录》《杂谈类乘门海》《宿曜等天体说》等。

佐钦·白玛桑欧旦增
——石刻经文巨匠

佐钦·白玛桑欧旦增，佐钦寺第二世活佛，四臂观音菩萨所创六字大明咒和密陀罗经石刻巨匠。于藏历第十二饶迥之金猪年（1731年），出生在四川德格藏热雀斯绰多吉雍仲如丹邬金山丹却林寺邻近的一户牧民家中。祖上为格盘氏，父亲名山佩，世代信奉宁玛派。经德格土司丹巴次仁和佐钦活佛之侄商议后，迎到如丹邬金山丹却林寺坐床，由佐钦寺活佛居美图却旦增披剃落发，取法名白玛桑欧旦增，举行了隆重的坐床仪式。

白玛桑欧丹增自幼就表现得与众不同，如牧民人家的主食通常是糌粑和牛羊肉，而他只食糌粑厌食肉类。10岁那年，他和佐钦活佛一起赴前藏朝礼山南的多杰扎寺和敏珠林寺。多杰扎寺的夏茸给他授了沙弥戒，又从敏珠林寺的嘉色仁钦南杰、洛扎图色居美却智贝巴、巴日活佛罗桑白玛等上师学习了许多经论。尤其从居美图却旦增活佛系

宁玛派

统地学习了宁玛派密法大圆满的灌顶、教言及指导等秘诀，开启了心智。另外，还闻习了《甘珠尔》经教和宁玛密续法。他从尼扎活佛学习了尼扎伏藏经、黑白算学等知识，受益匪浅。他在学习显密经典法类的同时，每天坚持进行如来密集甚深道仪轨和刻写六字明咒嘛呢的工作。他对佛的虔诚不仅仅是学习念诵经文，而且还将经文雕刻在石块、石板上，成为与世长存的石书。他雕刻的经文主要是六字真言，另外还有陀罗明咒等经文。他常常购置一些由印度梵文译成藏文的经典刻版，每月坚持雕刻20余块，将他对佛的虔诚一锤一凿刻在石上，按此数计算，他此生的精力能雕刻十万余块。而现存的具有五千万余的庞大嘛呢白本石城，应该是在他的主持下，组织了一批石匠千锤万凿，经几代人历时几百年才雕刻而成的。他还利用间休时间坚持每年两三次的闭关修习，还给施主授密宗灌顶，使施主心满意足。

佐钦·白玛桑欧旦增于藏历第十三饶迥之木牛年（1805年）在如丹邬金山丹林寺善逝，享年74岁。遗体火化时出现了许多舍利子，寺院制作了一座灵塔，将其骨灰和舍利安奉于其中，并作了盛大法事，以示敬仰。

夏嘎巴·措周让卓
——安多遁世修行的宁玛派大师

宁玛派

夏嘎巴·措周让卓，是一位颇负盛名的宁玛派高僧，于藏历第十三饶迥之金牛年（1781年）出生在青海热贡双朋西（今青海黄南同仁双朋西）一藏族家庭，取名阿旺扎西。7岁始学藏文，对楷书和行书一学即会，草书写得相当隽永。11岁入双朋西拉卡密院学经，听受了《皈依经》《穆则玛》《嘛呢教诫》等口诵经文，后从嘉贝多杰等师学习密宗法类，从邬坚赤列南杰学习了八部修行法、胜乐、密集、金刚橛、马头明王等法的仪轨。17岁跟热贡画师丹巴达杰学习绘画，成为一名艺术绘画师。21岁时在阿柔格西贤巴格勒坚赞处受比丘戒，取名贤巴却达。之后，他同嘉堪钦·格敦丹白尼玛一起赴蒙古，在达赖岱清王阿旺达杰尊前学习显密诸论，成为显密兼通的学者，又从一些大学者学习密乘的灌顶、传承和教导及新旧密法的教言等。他一生云游各地，以米拉日巴为楷模而苦修出名，先后在泽库静修地——喜乐园、阿琼南宗的静修圣地、青海湖海心山、兴海智嘎尔哲宗（又名赛宗神山）、果洛阿尼玛卿雪山等圣地修习生圆两次第密法。在海心山修炼期间，和他的弟子修建了一座佛堂，内正中供奉一尊千手千眼观音金身，右边塑有海神玛哈德瓦身像，左边塑供有揩曼赤雪嘉姆女神像。塑像后面供有《佛说大般若经》12函。他擅长佛教道歌，常以道歌劝化渔人不要伤害鱼类生灵，甚至出钱从渔人手中买下刚捞出来的活鱼而放归入海；见到受伤的海鸟，带回修行洞包扎养伤，伤好后放归鸟群。在阿尼玛卿雪山下的岩洞中修行时，相传他神游了玛卿山神的玉琼宫，山神亲手给他赐了一条雪白的长哈达和一顶漂亮的帽子后说："当今你为维护先贤们的业绩以道歌弘扬正法，甚是稀有啊！给你赐名为'雪域歌手'。你为藏族人民留下了优美的道歌集，我得感谢你，它将会对佛教信徒、信民的伦理道德有极大的饶益。今后你做任何具法事业，我将会佑助你。"醒后方知是一场梦，他甚觉稀奇，但从此在这里修炼时，他功法百倍增长，并出现了许多感悟。他利用白天闲暇时间，写下了许多脍炙人口的赞美雪山、草原、野花、禽兽的道歌。

30岁时，他的慈母谢世，从此，他开始云游西藏、尼泊尔等地。在拉萨拜见了摄政德穆嘉察、热振赤钦、噶丹赛赤阿旺年扎等宗教上层人士。朝圣礼供了大、小昭寺和

宁玛派

噶丹、哲蚌、色拉三大寺。后赴胜乐金刚的道场杂日神山朝礼转山，在这里他从喇嘛宗哲曲巴等闻习了噶举派教法和密法的经典，对各教派精要兼收并蓄。在杂日神山转山巡礼、修禅、闻法一年后，又去岗仁波齐朝圣，中途在札什伦布寺拜见了七世班禅洛桑丹白尼玛，对班禅大师和札什伦布寺作了盛大供养。后转赴阿里南部的普兰，在协培林寺从赛普喇嘛听受了止贡噶举派大师的教言。他从普兰去尼泊尔，朝礼了著名的甲容卡雪、香根两座大佛塔，敬献铜制镏金大法轮十三个，在尼泊尔学习、传法、朝圣四年后返回西藏，在后藏又朝礼了萨迦大寺。后赴拉萨，在布达拉宫觐见了十世达赖喇嘛楚臣嘉措、摄政策门林嘉察，又在喀朵山旦林寺修习数年。

他48岁时返回青海，先后在青海境内的许多藏传佛教圣地、寺院中讲经、弘法、著述。1836年，55岁时还从著名密宗大师赛康巴聆听密集、胜乐等灌顶法。从56岁开始在安多地区广转法轮，培育人才。其中著名弟子有白玛让卓、噶丹让卓、桑杰仁钦、江隆活佛等。

夏嘎巴还是一位民间文学家，其著作中吸收了大量的民间故事、神话、寓言、谚语等，通俗生动。如他的文学作品《慈母歌》，以生动的语言、真挚的感情，塑造了一位勤劳善良、贤惠的慈母形象；寓言《雄狮与兔子》，反映了深刻的人生哲理；《暴君的下场》等反映了作者的鲜明立场和民本思想；还有《奇幻集》《金瓶》《豹皮》《阴曹救母》等作品，这些短小精悍的作品在民间和寺院中广为流传。他的《曲协延盘尼玛》（汉译为《利民太阳》）一书，深刻阐述了人间善恶因果报应的关系。不少作品反映了甘、川、青、藏地区和尼泊尔等地的山川风貌、风土人情，有很强的纪实性。他在青海湖修炼期间用道歌的形式写下了大量赞颂青海湖风光的优美作品；在智嘎尔哲宗和阿尼玛卿朝圣修炼时，对神山圣湖及草原风光、野生动物等写出了许多道歌颂词。据说他从青海湖前往兴海和果洛的途中，许多野牦牛、藏羚羊、藏野驴等动物在路边吃草，听见他朗朗的诵经声，纷纷朝他围拢过来，呈现出一派祥和的气息。

其著作有7函20多卷。夏嘎巴·措周让卓大师于藏历第十四饶迥之金猪年（1851年）四月初十在故乡圆寂，享年70岁。

隆钦·却央道丹多杰
——宁玛派密宗成就师

隆钦·却央道丹多杰，意为"广慧法界具力金刚"，又名隆多云丹嘉措，是青海又一位佛学家、宁玛派密宗大师。与夏嘎巴大师是同时代、同乡、同派的著名人物。他出生于安多热贡藏区，成道于四川康区，颇负盛名。

道丹多杰于藏历第十三饶迥之木蛇年（1785年）出生于安多热贡赛茂郡双朋西。父亲仁庆，母亲相传是吐蕃时期女高僧益西措杰的转世，因而取名益西卓玛。道丹多杰出生后，父母起名贡保云丹。据说他生来就天赋异禀，机智伶俐，随着年龄的增长，逐渐显露出贤者正士之相。起初，他在几位活佛和善知识的上师尊前学习文字拼读书写和法性等知识，由于他学习勤奋刻苦，又善于思考，不久就打开了智慧之门，进入了知识的海洋。

道丹多杰后来进入八大圣地（热贡地区的八大圣地曾出了许多成就大师）之一的协吉贡寺出家受戒学法。

宁玛派

协吉贡寺在今黄南同仁双朋西北10公里处的协贡山坡上，因该山多产晶体石而得此山名。寺院建成后因山名而取寺名协吉贡，意为"晶寺"，全称"协贡德钦却吉颇章"，又称"西关寺"，意为"西关寺大乐法殿"。道丹多杰在这里从师学习《别解脱律仪》《菩提律仪》《密乘律仪》，后逐步深入到博大精深的宁玛旧密教言及伏藏教诫法类，边闻思，边修炼，成绩斐然。后来他从热贡前往果洛玛沁的格鲁派大寺拉加寺，拜该寺寺主香萨班智达·罗桑达杰嘉措等几位格西为师，以一个普通僧人的身份虚心求学三藏经论、道位及三学长达5年。在显密经论方面有了一定造诣后，他又赴几座静房闭关修习。静修期间，得到本尊神和上师的预言和激励，决心再去寻找一位佛法高深、德行兼优、获得殊胜证悟的上师求学深广教法。解除闭关后，他从果洛进入四川阿坝，一路诵经修法，来到甘孜白玉的宁玛派大寺佐钦寺，为佐钦寺第四世活佛穆居·南喀多杰和杰温·白玛贡卓等师敬献哈达及见面礼，几位上师见道丹多杰相貌不俗，谈吐不凡，都十分喜欢，并按他的请求，传授了许多显密经论的灌顶教授法。随后到朵智钦活佛晋美赤列沃赛的法苑中，住了很长时间，从这位不同寻常的成就大师闻习显密深法的总义，尤其注重学习研究密教内三部，接着又修学"成就灌顶法""解脱之教导法""依止教言法"等密法，经学习修持，通达了所学全部密法和教言。

朵智钦根本上师考虑到具缘弟子道丹多杰将来要继承弘法事业，培育具缘弟子，遂又给他传授了"吉祥金刚四种彻悟甚深要法""吉祥四轮能怖金刚""本母法""采用厌胜、焚魔、抛掷朵玛食子等以禳灾祈福的仪轨""诛业、伏业，以焚烧、填埋（镇魔空）、投掷等威猛之法诛灭怨敌邪魔之密咒法"等。道丹多杰通过学习实践，熟练地掌握了这些。道丹多杰精通了显密正法后，在甘孜佐钦、白玉等寺中长期修持，出现了殊胜证悟，据说还获得了天眼通的成就。朵智钦上师说："现在你已获得较高证悟，成为'隆钦却央道丹多杰玛盘雪列南拜嘉哇'（意为'广慧法界具力金刚不败战胜之王'）。"又说："你已是自性解脱之名僧，但你还要大发慈悲之心，引导他人走上成熟解脱之圣道，赶快去安多你的故乡，弘传佛教，教化有情众生吧！"

道丹多杰遵师命返回故乡热贡。首先多方集资，初建贡吾云丹，后由古德红科部落的孖吾喇嘛迁到古德村，后又被迁到今曲库乎乡古德村西山脚下重建，简称古德寺，为清代宁玛派在热贡地区的寺院之一。寺院的戒律，一切宗教活动和制度，皆参照西藏敏珠林寺的例规制定。道丹多杰在原有僧人的基础上，新招收了许多弟子，并由他亲

宁玛派

自教授显密经论和各种密乘仪轨。为使旧密法兴盛不衰，在对学密法已有基础的弟子详细讲授各派显密正法的同时，注重传授宁玛派旧译《法界心要伏藏》，据载这部旧密典籍是宁玛派高僧钦则沃色晋美岭巴大师所著，译名《悟境精义》。因此，在古德寺中出了许多密法高深的弟子。道丹多杰在学法、弘法、培育佛学弟子等方面做出了较大贡献，声誉响遍安多和康区。

据《夏嘎巴自传》载，藏历第十四饶迥之金龙年（1841年）新春之际，夏嘎巴大师给道丹多杰献上亲手写的新春贺词，道丹多杰亦作祝词敬献给夏嘎巴大师。此年，夏嘎巴已年届61岁，道丹多杰57岁。在夏嘎巴的请求下，道丹多杰给他讲授了一些显密经论本释的教言，由此可见他二人关系甚密。

道丹多杰在著书论说方面的事迹十分特殊，并且令人惊叹。据载他于藏历第十四饶迥之火猴年（1836年）开始写作，土狗年（1838年）54岁时的他将其全部撰毕。他所撰述的内容大多数为密宗经典，也有显宗方面的经论，共13函。几百万言的巨著在不足3年的时间内全部完成，不能不视为一大奇迹，其著作分为本论、略义、简释、广释、绘图图表五类。

杂白智·晋美却吉旺布

——遁世修行的宁玛派著名学者

宁玛派

杂白格智古或名佐钦白智仁波切,四川康区北部卓格泽澜沧江畔代尕杰却世系,于藏历第十四饶迥之土龙年(1808年)出生。3岁时,由多智钦久美程列沃赛认定为白格山旦彭措的转世灵童,取法名俄坚晋美却吉旺布。

少年时学习了藏文拼读及三十颂文法等,之后从堪钦·喜饶桑布出家为僧。师事多喇久美格桑、久美俄察、嘉赛延盘塔耶等聆习《三安息》①、《入行论》②、"根本密续心要"等教法,并修学了藏族大小十明传统文化知识。从西钦·完智图多南加学习《甘珠尔》教言和声明论。晋美却吉旺布自幼聪明好学,学习内容广泛,并不持教派门户之见,先后拜师闻习攻读了《甘珠尔》《丹珠尔》两部大藏经的教理教言;宁玛派贡钦父子及萨班、宗喀巴等新旧教派高僧大德的一切善说妙论。

因他是一位宁玛派学者,对宁玛派所有经论必须深钻细研，所以，他在金迈嘉瓦尼古上师尊前，对"隆钦精要加行指导"，先后闻习了25遍，教学并进。另外还聆习了"风息"、"佐钦教言"、旧译教言等许多宁玛派法类。又从多钦泽·益喜多杰学到了"止旧行新"良风，同时，经常不懈地修学"隆钦精要之风息法"和佐钦穆居南喀多吉上师所传"密法甘露"等经教。这时他对宁玛派密法及教言有了较高的造诣。之后他采用了闻思、修持、传法相兼顾的修学方法。他为了将学到的密法进行修持，相继到汝丹央琓兴杰修行洞、才让普洞、佐钦几处有名的法苑等静修地废寝忘食地长时间苦修，获得了悉地成就，在康区宁玛派寺院中逐渐小有名气。

30岁开始游学讲经传法，首先在赛塔亚龙白玛地方对许多具缘的持明弟子讲授"密续心要"，为赛塔和上下多地方的僧团普施了《入行论》《嘛呢嘎本》、"行愿篇"等法雨。其间他利用佛法断除了地方盗匪之祸患，杜绝了僧侣食荤之风。而后赴壤塘地方，从藏巴寺的藏巴·阿旺群觉上师闻习"六支加行"，对此法有了明晰的概念。从壤塘转赴木雅地方，在扎·格西慈诚南杰的请求下，为其讲授了有关《般若波罗蜜多心经》、"问答及因缘"等经论。其间又先后赴许多修行地独自修行，出现了证悟现象。修行期间还为民众做了几件有益的善事。诸如调解草原纠纷、救济遇难

宁玛派

百姓等。后又到佐钦希桑寺、白玛塘寺诸法苑为广大僧众大转法轮，先后讲传了"慈氏论""中观论""俱舍论""密续部""功德藏""三律仪论"等显密经论。尤其在这里长时期讲《入行论》时，据说佐钦希桑寺的周围开满了30瓣、50瓣的从未见过的黄花，成为一种不可思议的奇迹，僧俗称这种花为"入行花"。同时，在这里讲经弘法之时，掘藏师德钦岭巴从佐钦山岗中掘出胜乐金刚双身修佛像，成了转法轮和密教三精要之主、讲授教言的伏藏师，对此，人们还是归结于晋美却吉旺布讲经弘法的功德。

后来他到甘孜白玉的嘎陀寺朝礼嘎、藏、贤三座大灵塔时，经司都·却智却吉罗哲等师的启请，为这里的僧众详尽讲授了《入行论》。又从这里前往石渠寺、拉赤都寺、曲霍寺等格鲁派山寺，受到寺院僧众的热烈欢迎。在这里他以正确无误的语言，言简意赅的表达方式，为僧众精要地讲传了一些经论，也简略讲解了宁玛派特有的密法，博得了寺院格西和拉然巴格西的高度赞扬。

然后来到杂嘉寺，集资于杂嘉寺附近兴建了法轮寺。还对前辈活佛巴格山木丹彭措所建的大灵塔进行维修扩建，形成了有名的八邦大灵塔。

该师的一生中，为本人而进行闻思修，为他人而进行讲辩著，曾在上康、中康、下康三区中讲传《入行论》

《慈氏论》《三律仪论》《功德藏》等经论时，影响很大。因他常常到处讲传《密续秘密藏》《隆钦精要》等经论，使这些经论的讲传犹如油尽之灯重新点燃起来，光明金刚心要教法后继有人。如他的亲传弟子嘎陀司都·却智却吉洛哲、佐钦寺第五世图旦曲多、嘉绒·南智贡桑·图却多杰、多智钦第二世晋美彭措郡乃、第三世晋美丹贝尼玛、多钦则之子德钦·若白冉智、延盘却杰昂瓦活佛、阿宗·周华卓都多杰、伏藏师列然朗巴、居·弥潘南加等弟子不少于100多人，其中有宁玛派、噶举派、格鲁派等教派的名僧。

这位宁玛派大德广做了闻思修、讲辩著全部事业后，于藏历第十五饶迥之火猪年（1887年）二月十八日圆寂，享年79岁。

其著作散存各处，因本人和近侍者保存很少，大多散佚而未能刻印。著作亦多是将自己讲稿整理而成，有《入行论注释》《慈氏论注释》《功德藏注释》《加行讲授普贤上师言教》等。

注

① 《三安息》：14世纪时，宁玛派佛学家隆钦饶绛巴所著《心性安息论》《如幻安息论》《静虑安息论》三种论述的总名。

② 《入行论》：《入菩萨行论》，印度佛学家寂天论师著。全书十章，

宁玛派

前三章叙述菩提心功德、忏罪、受菩提心，以求世俗、胜义两菩提心，未发令生；次三章叙述不放逸、正知、忍辱，以求生已不退；再次三章，叙述精进、禅定、智慧，以求辗转增长；最后一章，以此后果为利众生发愿回向。

居·弥潘·绛央南杰嘉措
——康区宁玛派著名学者

宁玛派

居·弥潘·绛央南杰嘉措,简称居·弥潘嘉措,于藏历第十四饶迥之火马年(1846年)生在四川甘孜石渠。父居·贡保达杰,母东萨桑琼玛,家族系"居"姓氏。其叔父温喇嘛白玛达杰给侄子赐法名"绛央南杰嘉措",意为"妙音胜海"。

他六七岁时跟父亲和舅父学习藏文写读,同时背诵《三律仪论》,听受《黑白算学加行》等经文。10岁时写读已十分娴熟,能出口成章。12岁入宁玛派的居美霍尔桑欧曲岭寺出家为僧,以一个普通沙弥的身份学经时,赢得了"童僧智者"的称号。15岁时将一本《韵律占星》的旧书在几天内学完后,祈祷文殊菩萨,并在居娘日绰山寺专心修持文殊语狮密法和药丸成就18个月后,出现了几种特殊证兆。自此,不论是显宗还是密宗经论,他只看一遍即能全部领会于心。17岁时,涅绒境内发生战乱,牧民全部迁徙至青海果洛草原上,他也随之来到果洛暂住。18岁时跟随舅父居桑去前藏朝圣，曾在宗喀巴师徒创建的甘丹寺求学一个月有余，之后赴藏南，途经洛扎喀曲时，身上出现了空性和温乐，似乎得到了洛扎喀曲圣地的加持。从此他又取北道而行，半途意外得到了一本《韵律占星广经》的经籍，仔细翻阅后，在书中找到了在洛扎喀曲出现空性和温乐的正确答案。甥舅在前藏各地巡礼朝拜约一年后返回甘孜，这时战乱已平息，恢复了昔日的安静和平景象，为他的学经创造了良好的环境。

居·弥潘嘉措从坚贡旺钦·杰冉多杰聆听了"智慧白文殊随许法"，并接受两次灌顶，成就的证兆十分明显，智慧犹如莲花一样绽开；从巴珠·吉美却吉旺布在5天内学完了《入行论慧悟篇》，从词到义无不通晓，学完后自己为《般若波罗蜜多心经》作了注解。后来慕名拜嘉央钦泽旺布（1820—1892年）为根本上师，上师见他根器很深，并已学有成就，首先为他讲授了"白文殊菩萨智慧随许法"，启开法门，然后如瓶浇灌似的将共与不共之法、显密方面的名著、金刚乘伏藏成熟依止秘诀等全部传授予他，经反复修习，皆达到了融会贯通。

他又从绛贡洛哲塔耶巴（贡珠·云丹嘉措）学会了梵文和工巧明，学习工巧明时，他用理论与实践相结合的方法，于火马年（1906年）著成了《藏族实用工艺宝箧》一

宁玛派

书,书中以自己的成功经验,对如何雕刻、制藏香、纸张、油漆、石器、玉器、矿物质颜料,以及书法、绘画、刺绣、缝纫、洗染等的工艺技术一一作了介绍,该书至今仍具有一定的实用价值和科技借鉴价值。居·弥潘嘉措世代行医,从小就受到良好的医学教育,后经上师传授与自己的发奋学习,对藏医学十分精通,著有几部医学专著,其中《医学四续释难精选·如意宝明鉴》《精选利乐宝库》《草药甘露法》《医学后续尿诊法注释》《医药鼗百方》等较为有名。他还掌握25种常用医疗秘方,如治咽喉、眼睛、儿童耳疾等方面的秘方诀窍,甚至还著有医治畜疫的专著。他经常走出寺院,为农牧民行医治病,深受农牧民的欢迎。

居·弥潘嘉措天资很高,加之勤奋好学,在习经修持、讲辩著诸方面皆是佼佼者,成为出类拔萃的学者,名贯藏区。例如,他从居温·晋美多杰格西聆听因明学科的摄类论后,复又为格西讲授了一个多月的摄类学经论。在本萨格西阿旺郡乃处学习《中观入行论》时,格西讲授完毕后,即刻对他进行测试,他将该著有理有据地从头讲说了一遍,格西听后十分敬佩和赞赏他的才华,自叹道:"我等虽取得格西名号,但与他相比自愧不如。"自此,在众多通晓教理的然坚巴格西的法会上,居·弥潘嘉措犹如一头毫无畏惧的雄狮,坦然自如地讲经论说,他举一反三,引经据典,说理清晰透彻,见解独到精辟,使听众为之倾倒,大有"奇论共欣赏,疑难当即释"之感。继后,他又从轨范师洛代旺布、司膳师白玛二师学习《量理宝藏论》《慈氏五论》《戒律论》等显宗经论,还利用时间学习时轮历算学,著有《时轮广疏》一书,学完印藏诗论后,撰写了《诗注妙音嬉戏海》。另外,还撰写了《释量论释》《八部教法注释》《旦志诗律庄严论》《医学四续疑难·如意宝鉴》等论著。有一次,格鲁派的一位名叫嘉哇多欧的大学者,对他的《般若论注释》一书持有不同观点,特邀请著名学者巴珠·吉美却吉旺布(1808—1887年)任公证人,二人就此进行辩论,辩得难见胜负,喇嘛仁却问巴珠仁波且两位中谁是胜者。巴珠诙谐地用一个谚语作了回答:"我也不敢下结论,正如'父不夸儿别人夸,母不夸女婆家夸'。"为了判出胜负,巴珠仁波且又让他们二人以《大圆满智慧总义注释》为宗进行辩答,结果居·弥潘嘉措获胜。这时,他的根本上师嘉央钦泽旺布为了佛法长盛不衰,将代表身语意的佛像、佛经、佛塔和一顶长耳莲花僧帽赐给他,让其成为他在佛学方面的传人。上师还赞扬他是当世无人相比的大学者。贡珠·云丹嘉措听了他讲的《释量论注释》和"八部教法注释"后,也说他是宁玛派中的"玛哈班智达钦波"(佛学界对才华出众、显密融通的佛学家的美称)。

居·弥潘嘉措虽是佛教界知名学者,但对世俗间微小

宁玛派

之事也细心观察探论，对佛法和世俗之事无所不通。他撰述过许多关于世俗间的文章，如他于火猴年（1896年）著了一部名为《王道论》的杰作，书中深刻而透彻地提出国王怎样才能治理好自己的国家，应如何对待贤臣良士，如何身体力行，如何爱护自己的庶民，如何明察忠奸，怎样惩罚恶相、奸民等等许多治国保家、处世做人的哲理。

居·弥潘嘉措中年时曾到嘎毛达仓修行地，前后修持密法13年，其修行地还有居日山寺、丹科德果山寺等，由于他依止上师的教言潜心修持，出现了智慧大乐，证得了方便智慧无二无别之道。

居·弥潘嘉措一生致力于闻思修、讲辩著的佛法事业，他曾先后拜几十位佛法高深的格西，闻习普通和特殊法类经籍100多种，通晓十明学科，尤擅长工巧明、医方明和历算学。其著作有32部、千余种，一部分散佚在民间，一部分被八邦寺和佐钦寺制版印刷。

居·弥潘·绛央南杰嘉措为佛教和民众做了大量利益之事后，于藏历第十五饶迥之水鼠年（1912年）四月二十九日，结跏趺坐而示寂。他的弟子众多，其中朵智钦久美丹白尼玛、代东索加、佐智五世、白玉寺嘉智活佛、格芒、色钦然坚巴、嘉查、嘎陀司徒、俄尔师徒、古浪仓·邬坚久哲却央多杰等皆为博学多识之士。

西钦·久美白玛南杰

—— 四川甘孜西钦寺高僧

宁玛派

西钦·久美白玛南杰,西钦寺丹尼达杰林第四任法台。于藏历第十五饶迥之金羊年(1871年)十二月十九日出生在四川德格和拉陀属地佐吉措隆地方。父亲喜饶系阿卓氏族,母亲南喀卓玛是章巴官人的女儿。嘉央钦泽旺波认定他为邬坚让琼多杰的转世灵童,取名久美白玛旦增克珠嘉措,幼时先从其叔父白玛旺钦学习藏文写读,之后开始学习《声明学》《诗学明鉴》《修辞·宝生》《黑白历算》等五明学科。从师佐钦堪布白玛丹曲沃色受沙弥戒,取法号白玛南杰。从格芒堪布云丹嘉措学习《分别戒律之取舍》,持戒严谨,成为全寺的持律典范。又师事钦泽、贡珠、堪钦噶玛·扎西俄赛、饶绛那巴等师学习《发菩提心律经》。拜嘉央钦泽旺波为师学习密藏灌顶、教言、秘决及宗喀巴大师的《菩提道次第广论》和噶玛·让琼多杰的"新密法类"等多种显密教法。后来又先后从贡珠·洛哲塔耶、噶玛·却吉宁协、噶玛·扎西俄赛、居·弥潘活佛等上师学习《宝库藏》中的成熟解脱法，以及《知识藏本释》《噶举密藏》《古如密法广疏》《文殊圆满法》《智慧入门》《修法八部注释》等深广密典及教法，成为显密双融的学者。他为了将全部密宗法融会贯通，将西钦·饶绛那巴、堪钦更华、嘎陀司徒、八邦耿桑旦贝尼玛、佐钦堪布白玛多杰、巴珠·吉美却吉旺布等奉为最高上师，聆听深广教法，研习奥义。

20多岁时，先修习"生起次第"，后修"圆满次第"，修道和证悟境界无上增长，地道（大乘菩萨十地和五道）获得圆满成就。

之后他又专修光明大圆满之秘决法，心悟能摄，思维宝藏启开，讲辩著的事业之光照亮十方，慕其名前来求法的人日益增多。其中宗萨寺的钦泽·嘉央却吉洛哲、西钦·更桑旦贝尼玛、加央罗德旺布、代果钦泽饶赛、贡珠·华丹却吉旺秀、白玛智美勒白罗哲、佐钦林喇活佛、堪索曲·阿乌拉冈、嘎陀堪布乃丹等名僧也投其门下闻习密法，从此声誉大振，成为西钦寺著名佛学家。

西钦·久美南杰的著作有《羯磨仪轨》《赞颂集》《祈祷长寿仪轨》《教法史》等10类，汇集成册有13部。

西钦大师内事完成了闻思修，外事完成了讲辩著诸事

宁玛派

业后,于藏历第十五饶迥之火虎年(1926年)摄色身入于法身而示寂,终年55岁。

古浪仓·邬坚久哲却央多杰
——青海多才多艺的宁玛派高僧

宁玛派

古浪仓·邬坚久哲却央多杰，"古浪仓"是以地名为其取的别称，"邬坚"是宁玛派名僧在其法号前所冠的尊号，由邬坚白玛郡乃，即莲花生大师的尊号而来，"久哲却央多杰"是法号，意为"无畏法界金刚"。

久哲却央多杰学遍五明学，尤精于宁玛派经典、教法，通晓藏医学及工艺学，遍游卫藏康，并赴内地大城市参观学习，眼界开阔，善于学习和应用先进的科学文化技术，是一位多才多艺的宁玛派著名活佛。

久哲却央多杰于藏历第十五饶迥之木猪年（1875年）出生在青海尖扎古浪嘛呢塘，取幼名邬坚丹增。其族源据载来自四川甘孜地区董氏家族。父亲嘉贝扎西，母亲祁茂太。火牛年（1877年）四月被认定为前世纳措让卓的转世灵童。7岁时披剃出家，赐法号久哲却央多杰，迎入阿琼南宗寺坐床，由热贡曲玛的格西任启蒙经师，始学藏文拼读。年稍长，学习藏文语法、正字学，兼学梵文和乌尔都文。之后他与嘎丹钦饶旺秀和央桑一起学习《诗论》《功德藏》《如意藏》等宁玛派经典。13岁时从夏嘎巴二世学习佛教史和藏族史，是年他与夏嘎巴、夏日仓、嘉沃色、昂拉卡索仓结伴赴西藏朝礼深造。在西藏一面朝礼名寺，一面遍参名师学习佛法。其中从多札堪布听受了旧密传承的全部历史，并作了笔录。

返回故乡后，先后从智昂多哇却和夏玛尔班智达学习显密诸论，参加辩经时僧众敬佩他的智力和辩才。夏玛尔给他作了智慧化身文殊菩萨的随许灌顶后赞誉他为"古浪智童"。15岁时，在十三世达赖喇嘛及其兄长公·端智多杰的关照下，光绪皇帝赐予"呼图克图"称号。水蛇年（1893年），他带领随从僧员由青海海南、果洛、玉树进入四川甘孜，朝礼了佐钦寺，从该寺活佛南喀沃赛和杰贡格芒罗赛等闻习"如意妙瓶""金刚橛"及其他宁玛派教法。又到德格寺，受到了该寺僧众和德格土司的热情接待，在土司府为其眷属作了长寿灌顶，被土司尊为顶髻上师。后他赴八邦寺和嘎毛达仓寺拜见了贡珠·云丹嘉措和居·弥潘·绛央南杰嘉措，建立了法缘关系。后经甘孜日绰来到嘉绒地区，应嘉绒土司之请，给土司和家眷传授了长寿灌顶法。数月后，由土司派人护送，经甘南拉卜楞寺、热贡雅玛扎西曲寺返

宁玛派

回阿琼南宗寺。

久哲却央多杰不视教派亲疏，不管地区远近，广参名师，一生先后从五十多位不同教派的学者学习显密经论和藏族文化。其中四川甘孜嘎毛达仓寺的高僧居·弥潘·绛央南杰嘉措成为他的根本上师，经多年时间，系统地学习了天文历算、藏医药、文法通论、诗论等学科，以及显密百论的深广教法、旧密传承等密宗法，成为博通多门学科的学者。他还先后在阿琼南宗、智嘎尔哲宗、古浪嘛呢塘、热贡八圣地、阿尼玛卿山、青海湖海心山等地潜心修习密宗法多年，获得了殊胜证悟。因而被人们称为"自在成就邬坚巴·久哲却央多杰"。木龙年（1904年），他利用施主给他的供养在阿琼南宗附近办了一个金银铜器制造及装饰的小工厂，从四川德格请了几位金银铜匠，传授制造镂刻技术和刻印技术，制造出了精致的善逝八宝塔、大小银制佛龛、银灯、长短铜号、镶银法螺等。他刻印了《隆钦七藏》《精要两部》《居·弥潘文集》及常用短篇经典、诵文等。火马年（1906年），他在阿琼南宗寺初建了讲修经院，礼请甘孜佐钦寺引经师教习诵经、佛乐、结手印法、烧祭仪轨等。

他酷爱藏医学，常带弟子到坎布拉十八宗的天然林区采集药物，教弟子们辨认草药及其性能、功效、治疗范围等。他编写了两部实践之作,即《藏医验方新编》和《世间降神老翁》。同时筹资修建了一所小型藏医院,即南宗藏医院,为这一带的群众(包括汉、回、撒拉等民族)医治疾病,解脱痛苦。一次,他闻知海西汪什代海一带牧民中流行一种传染性热病,危及人的性命,他不顾自己的安危,亲自到该地精心为患者治病,控制了热病疫情。后来人们将他集中治过病的地方称为"格塔朵",意为"祛疫山口"。土马年(1918年),他从北京等地参观回来后,扩大了医疗范围,从西宁福荣教堂邀请了美国传教士兼中西医师若干人,到南宗医院传授中西医药知识和医疗技术,为当地群众的身心健康和地方病防治等做出了贡献。

土猴年(1908年),他与父母及兄长、昂拉活佛等人二次进四川康区,拜见了上师居·弥潘活佛,与弟子一起整理了居·弥潘的文集目录。还与上师以辩论的方式研习了时轮金刚,成为通达者。到德格后拜见土司王,彼此心投意合,土司给他赠送了度母像、金刚橛本尊像、《丹珠尔》大藏经一套、佛教乐器多件,土司之妻给他母亲赠金戒指一对及珊瑚佛珠等贵重物品。

深秋他们一行返回本寺。1909年至1917年,在黄河南北一带讲经传法,为利益众生而奔忙,同时利用时间著书立说、调解草原和部落间的民事纠纷。

宁玛派

火蛇年（1917年）二月十七日，赴五台山朝拜，途经甘肃、陕西等地。四月初四到达北京，游览朝拜了万寿山、北海白塔、西黄寺、六世班禅大师纪念塔等，他还派弟子到北京洋里印刷厂学习印制技术。六月初二起程赴五台山，受到该圣地喇嘛及僧人的盛大欢迎。

朝礼了五台山各佛殿、佛塔和佛洞，给五台山僧人煮芒加（斋僧茶）、行布施，与拉卜楞寺阿旺格勒活佛会见时，给他送了《清凉山志》等有关文殊道场的历史典籍。他在这里撰写了《文殊菩萨道场颂》一文，复赠予五台山翻译周泰等人。六月十八日，他与五台山政教总管扎萨克大喇嘛坚赞桑布、菩萨洞老爷等商议后，从该山西南菩萨洞右面的一小沟内购得一块宝地，自行设计塔形，动用一百工匠，于一个多月建成一座居·弥潘·绛央南杰嘉措大师的奇异灵骨塔。五台山藏传佛教僧人和汉传佛教僧人共五百多人，按各自的宗教方式举行了开光仪式，并进行了转经大法会。按塔尔寺驻五台山拉科活佛意愿，他撰写了《计时分际研究·白莲束》一文，献给拉科呼图克图，拉科仓赠给他龙纹缎衣一套。在五台山交流经验、讲经、辩经时才智出众，令僧众钦佩。在住持坚赞桑布的请求下，为僧众传授了长寿灌顶法，僧众称他为"古浪大佛爷"。

是年九月返回北京，在京一年有余，时任北洋政府总统的黎元洪三次召见了他,主要谈论了汉藏民族关系和宗教事务。他端庄的举止、渊博的学识、流利的口才、利益他人的宽阔胸怀及虚心好学的求知态度,深受黎元洪的赏识。

在京期间,他开阔了眼界,清楚地意识到科学是振兴家乡的无价之宝,所以他利用时间到北京的一些医院、工厂、学校去考察,拜访专家学者,虚心求学科学知识。在一家医院,他考察学习了十几天,向医生学习医术、诊断方法,向许多患者询问病情及治疗方法和效果,了解各种医疗器械、医院科室的分类及管理。他带领学医的弟子先后参观了二十五所中西医医院,认真听取医生为他们讲解的中西医治疗方法,以及临床经验、医理知识及诀窍,他一一作了笔录。他还到几家金属工厂、电厂、印刷厂参观学习,向工人学习冶炼金属、电的常识及铜印、铅印、石印、木刻印刷等几种不同的印刷技术,并购买了一些电器。之后他又乘船去上海参观了海上商场及一些学校和工厂,然后返回北京。在京城,他和译师陀美一起,学习研究了汉族史、汉藏关系史,尤其汉藏在历史上的友好团结史及新、旧《唐书》中有关吐蕃的论述等,他俩还论及在蒙藏地方如何办学,发展民族教育等问题。

九月二十七日,按时任大总统的意图,将他聘为译师

宁玛派

益西陀美的同室喇嘛，在这里他用藏文著成《新电码·百光》一书，并付印后散发各地。他将十三世达赖喇嘛塑造的一座尊胜塔、长寿瓶和自己著的《普贤法轮志》一书献给大总统。总统十分高兴，命人尽快将此书译成汉文。

在京时他还接受一位德国女尼之请，就印度佛教、中国内地佛教及藏传佛教等作了广泛的交流。女尼还提出跟他到安多学习《大圆满普贤祈愿法》和藏语语法的想法，他当即表示同意。

十月十二日，他乘火车离京并同德国女尼一道回青海。途经西安时，适逢土马年（1918年）新春佳节，受到陕西方面的盛情款待，古浪仓一行按藏族习惯设宴回请答谢，并作了盛大法事活动。从西安出发时，督府派黄色轿子两乘、轿车一辆、马车六辆、士兵300名护送。于翌年二月初抵达西宁后返回南宗寺。

久哲却央多杰回寺不久，在众弟子和当地群众的资助下，创办了一所藏文学校，这所学校一直办学到青海解放，培养了不少藏族人才。他还十分重视科学技术的学习和应用，将从内地带回的一些小麦、青稞、葡萄、梨、苹果及其他药用植物的品种，利用黄河沿岸潮湿温暖的地理环境进行试种栽培。他还在尖扎直岗拉卡地方兴办了一座小型纺织厂，纺织藏毯、褐子、氆氇等，这种传统手工工艺一直流传至今。

他曾广泛搜集自然科学方面的资料进行研究，经过反复实验，成功研制出石印技术，掌握了蓄电池制作法，用白蜡试验录音，并学习摄影、镏金技术，加以推广应用。金猴年（1920年），当时作为青海经济、政治、文化中心的西宁市尚未用上电灯，而他已根据电学原理，利用买来的电器，经过多次实验，制成干电池，在他的寺院里首先用上了电灯，使人们十分惊异而羡慕。在自然科学方面，他撰写了《电线密码·百光》和《藏文新电码·百光》等书。

土马年（1918年），久哲却央多杰按照七世章嘉等活佛的意愿，从西宁李土司手中将葬有西藏三贤哲的灵塔地（今西宁大佛寺附近）连同七间店铺，用六百两白银和一些马匹、财物将其购置下来，订立了地契文约。在刚察千户、嘎什吉千户、汪什代海千户、李千户、华热加达仓、隆务夏日仓、塔尔寺白家仓、支扎昂索、广慧寺活佛等的大力资助下，用二千三百五十七两七钱六分白银和一些粮食、布匹等作为基金建成佛殿一座，并改店铺为僧舍，这就是人们今天所见的西宁大佛寺。后来七世夏茸尕布接管后，捐资兴建了后面的双层歇山顶式瓦殿一幢，作为供奉"三贤哲"的佛堂。

土羊年（1919年），久哲却央多杰受委派，以汉藏友好

宁玛派

使者的身份随朱绣率领的代表团在官兵的护送下进藏,与西藏噶厦政府进行汉藏友好关系会谈。为了保证会谈成功,他在拉萨协助朱绣四处奔波,先后拜谒了十三世达赖喇嘛、九世班禅、藏王雪康巴以及在藏的道帏格西·喜饶嘉措大师等。经多次磋商,终于于1920年2月15日,在噶厦会议上达成了题为"汉藏友好·白莲盛开"的协议,用汉藏两文订立,由双方官员在协议上签字盖章,十三世达赖喇嘛还加盖了金印。事后,代表团五次向北洋政府和甘肃政府致函或发电报汇报会谈情况和结果。是年4月2日离藏返青。7月18日代表团抵达兰州,受到以张广建为首的汉藏蒙官员的热烈欢迎,被授予久哲却央多杰"甘青千户"称号,授其弟旺欠"青海百户"名号,并颁赐北洋政府授给他的"管理宁海红教古浪佛僧铃记"金印及信册。

久哲却央多杰一生足迹遍履安多、卫藏、康区,广转法轮,培养了不少佛学弟子。木鼠年(1924年)在康区给著名宁玛派学者嘉央钦泽旺波活佛的灵塔敬献黄金百两。水猴年(1932年)四月,久哲却央多杰带病到海北一带传法。八月初四,他在与弟子一行来到日月山脚下时突然圆寂,享年57岁。弟子们将其遗体运回阿琼南宗寺,修造灵塔安葬。

他的著作还有《巴燕玉扎寺寺规·善光之日》《瑜伽喇嘛加持云露及其注释》《文殊五部佛祈祷文》等。

仁增曲央桑姆
—— 杰出女佛教活动家

宁玛派

修赛至尊仁波切仁增曲央桑姆是古印度萨霍尔（今孟加拉措班玛）地方人。父亲端智南加出身于克玛氏族中，母亲名查仁白巴卓玛。仁增曲央桑姆生于藏历第十四饶迥之水牛年（1853年）三月十五，因是女孩，按十五这个出生日取名觉额拉姆。她家境十分贫寒，但年幼的觉额拉姆天资聪颖，佛教在她的心灵从小就产生了影响，在闻习内法的同时，为了家庭生计，年仅5岁的她和母亲一起到一位瑜伽母次仁布赤家中做活。6岁时，一位喇嘛鼓励她念诵"六字真言"。她在拉达克国王的应供喇嘛扎西嘉尊前很好地学习了藏文拼读书写。为了维持生活，父亲卖唱，她本人跳萨霍尔地方舞蹈，父女一路乞讨渐次从萨霍尔来到卫藏的阿里地区，后又经代嘎夏返回萨霍尔。之后外出朝圣，她又从萨霍尔来到慈母的出生地尼泊尔，在这里朝礼了三大佛塔及一些圣地。她在舅父周巴赤列南杰跟前聆习了西藏竹巴噶举派的"五旧加行规范仪轨"和晋美曲昂著的《加行指导·普贤上师言教集》。13岁时，萨霍尔国王后继乏人，为了其统治政权后继有人，将觉额拉姆召进王宫祝福诵经，后来她为国王生了一子，国王将她奉为自己的传法上师。但她不愿一直敬事国王，到吉仲地方与喇嘛白玛嘉措相遇，白玛嘉措很高兴地将自己所有的一切教言全部传授予她。之后，她到贝隆赫日绰（静修地）修持了3年。17岁一度专修"风息屏法"而获得了一定成就，后又第二次去尼泊尔，首先粉饰了尼泊尔斯瓦阳布山上的三座大佛塔，又为甲容雪卡地方的一座大佛塔刻写了佛塔志。她在尼泊尔做了许多有益于佛教的事业后，一面讲经说法，一面为民众做善事，又逐渐进入卫藏的定日什杂日山、德钦普、扎木措、萨迦、江孜白居等地广转法轮。然后从后藏来到前藏，在拉萨朝礼了大昭寺释迦牟尼像和小昭寺不动金刚佛，同时朝礼了布达拉宫、彭波圣地，继而在拉萨的加丛神泉地方潜心修持。

36岁时，由青海宁玛派高僧夏嘎巴·措周让卓的转世晋美同曲乎丹贝坚赞取法名仁增曲央桑姆，意为"持明法界善慧"。从央德仁波切上师学习了《入行论注释》和萨班著的《三律仪论说》，以及古印度龙树劝诫亲友乐行善施的信《劝诫亲友书》等教敕，从堪钦·阿旺丹贝尼玛受出家仪轨，在岗陀地方专心致志进行修持。之后从拉萨渡过雅鲁藏布

宁玛派

江到达山南传教弘法，最后踏上了雅拉香波山，驻锡于金刚心界妙喜香郡圣地闭关修炼。

　　54岁时住进修赛寺，"修赛"是柏林间之意，该寺是金牛年（1181年）由噶举派高僧杰贡·次臣僧格在今曲水县境内的尼普地方修建的，因寺院建在风景优美的柏树林间，以此取寺名修赛寺。次臣僧格又以修赛寺名创立了修赛噶举派，是帕竹噶举八小支之一。仁增曲央桑姆来修赛寺的时间大约是火羊年（1907年），这时该寺院已衰落下来，寺僧锐减。她见这里环境优雅，气候凉爽，便长期住修于该寺，男性僧人都对她十分敬畏，所以人们称她为修赛至尊仁波切，又俗称修赛罗钦。自此，寺中尼姑逐渐增多，最后变成了宁玛派的尼姑寺。

　　60岁时，为100多名僧尼传授息结派玛吉拉珍的觉宇法，因觉宇派的"觉"是"断"的意思，即以菩提心和空性见，能断除人生一切烦恼生死的根源；"宇"直译为"地域"，但在这里指佛学家所说的"境"，即达到苦修舍身忘己的境界。自仁增曲央桑姆传授玛吉拉珍的"觉宇"法后，修赛寺内修习息结派教法的气氛十分浓郁，人们都认为她是玛吉拉珍的转世。后来她到过一百多处尸林、坟地、泉水等地，苦修息结派的"觉宇"法。此时她的声誉已传遍了卫藏、萨霍尔各地。

仁增曲央桑姆苦修期间，其生活十分清苦。但她克服了一切困难，苦修从未间断，甚至当她83岁高龄时，还事师梅宁大成就师达娃多杰闻习了许多宁玛派的教法。她一生专事佛学，苦心修持，最终成为一位伟大的女性修法大师。她于藏历十六饶迥之金兔年（1951年）三月十三日，摄色身于法身而示现圆寂，享年98岁。

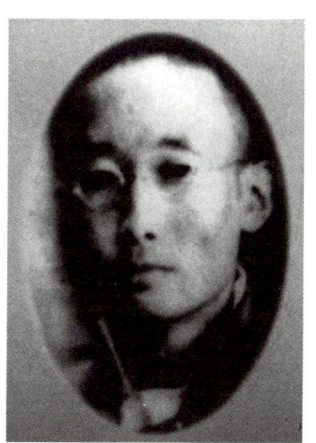

根敦群培
——近代史学家

根敦群培是青海近代一位才华横溢的藏学家、翻译家和绘画大师，也是一位爱国爱教的知名宗教人士，在青藏佛学界和文化界乃至国外影响较大，颇负盛名。他在对藏族优秀传统文化的继承发展，以及藏文化与国外文化的交流等方面做出了不可磨灭的贡献，为世人留下了许多杰作。

根敦群培生于木马年（1894年），其生年又有水兔年（1903年）和水虎年（1902年）之说。青海黄南同仁地区双朋西村人，父亲是位宁玛派信徒，对西藏名僧隆钦饶绛巴大师的《隆钦七藏》密宗经典有所研究，母亲白玛是位善良、贤惠、勤劳的藏族妇女。父母给他取乳名柔洛。柔洛从小聪明机智，喜欢学习。在父亲的熏陶下，4岁时会读写藏文，五六岁时能熟练地背诵藏语文法口诀和简单的宁玛派口诵经文。7岁（又有14岁之说）丧父，与母亲、姐姐相依为命。同年母亲送他进入宁玛派雅玛扎西曲寺出家

宁玛派

为僧，从师习经。雅玛扎西寺著名夏嘎巴活佛将他认定为多扎堪布的转世灵童，后其母又将他送到化隆雄先地方的格鲁派支扎上寺。这座寺院是青海境内一座著名的学府法苑，他在该寺拜学识渊博的名僧堪钦格敦嘉措为师，上师为他授沙弥戒，取法名根敦群培。他从师攻读因明论，9岁时已能诵诗作画，上师发现他的智慧超过一般童僧，故特意用一种启发式的教学方法培育他。13岁时，他不仅掌握了藏文语法，而且善于绘制佛像和传统画，他的绘画技艺不亚于一般绘画大师。这年，他作了一首题为《遍善论》的诗歌，被学者、活佛誉为佳作。四川白玉寺的多仁波切路过支扎上寺，见到聪慧机灵的根敦群培时，又认定他是宁玛派钦则·益西多杰的转世灵童。

13岁时他学完了支扎上寺所设的课程，14岁时经师看到他对藏族的大小五明学科已经入门，对因明也有了一定的基础，遂将根敦群培保送到甘南夏河的拉卜楞寺深造。在此他开始研读五部大论，尤精于《释量论》。根敦群培爱好广泛，除佛学和哲学经典外，对新鲜事物十分感兴趣，常常带着好奇心观察研究。无论学习佛学，还是学习传统文化，他不像其他僧人那样循古守旧，视佛法一成不变，他应用宗喀巴大师"缘起性空论"中的辩证思想，善于探索，深入研究，提出自己独到的见解。

在一次辩经会上,他对该寺第一世嘉木样协白多杰大师著的《因理论》中的几个论理提出异议,阐述自己的观点,由此招来了寺院一些僧人的责难和非议。据说他曾绘画了一幅女神像,画像体态婀娜,眼神含情脉脉,给人一种呼之欲出的感觉,这也成了攻击他的口实。在这里他受到其他一些寺僧的嫉妒、诽谤和刁难,在忍无可忍的情况下,约于火兔年(1927年)毅然离开拉卜楞寺去往西藏拉萨继续深造,进入拉萨格鲁派三大寺之一的哲蚌寺果芒扎仓鲁本康村,投鲁本堪钦·喜饶嘉措大师门下研习佛学。他认真研讨学问和刻苦求索的精神,引起周围僧人的关注。在寺内举行的一次辩经会上,他以高超的辩才和惊人的智力一举辩败了当时哲蚌寺首屈一指的两位大格西,广大僧众无不称奇。但到拉萨三大寺立宗辩论(为会考)考取拉然巴(最高一级学位)时,他却以各种借口没有参加。

根敦群培的生活虽十分清苦,然而凭自己的毅力、聪明才智和勤奋好学,加上老师的教导及志同道合僧友的帮助,终于通达了显密诸论,成为一名才华出众的学者。由于他生性耿直,遇到任何问题,包括学术研究,总是直言不讳地阐述自己的观点,因此,又招来了一些贪图名利、不学无术、虚荣心极强的僧人嫉妒、嘲讽,甚至是侮辱和殴打。当时他尽管处境困难,还是潜心钻研佛典,广泛搜

宁玛派

集民间传统文化，学习绘画、摄影、修理钟表等技艺，为以后研究藏学奠定了基础。

木狗年（1934年），一位名叫热乎罗的印度班智达来西藏搜集研究古梵文经典，因当时年代久远的印度佛教基本已湮没，梵文佛经也几乎濒临失传，为把藏文大藏经和一些佛典复原成梵文，他前来藏地物色所需人才。当悉知根敦群培是一位知识渊博的学者时，决意聘请他去印度担任译经师。两人会面时，热乎罗说："在历史上中印两国互派学者译师，翻译了不少经典著作，促进了文化交流，但以后较长一段时间里，中断了这种文化交流。如果先生愿继承先哲译师的未竟事业，我愿请您到印度去。"根敦群培接受了他的邀请。

为了去印度，他向在拉萨开西药铺的印商学习英语。又同热乎罗一道去西藏山南、桑耶、热振、萨迦、夏鲁、彭波一带考察研究名胜古迹，边搜集资料，边绘制各种图画。据说他的一幅扎囊地区塑造的克什米尔班智达释迦室利的身像和一幅吉隆观音庙中用旃檀雕刻的观音像活灵活现，被视为珍品。他的绘画，无论是风景、动植物，还是人物，都画得十分逼真，继承了热贡艺术的画技风格。

根敦群培和热乎罗从西藏去印度的途中，每经一地，他都仔细观察，一一绘成旅行图，标上山名、地名、河流名称,为编写游记积累了资料。到印度后,开始在瓦拉纳斯学习梵文,后转入斯里兰卡梵文大学,学习了一年零四个月,成绩优异。据《根敦群培文选》(藏文)载,他在斯里兰卡时还跟一位耶稣女教徒学通了英语,并同女教徒将藏文的《释量论》等经典译成英语,流传于国外。斯里兰卡梵文大学授予他班智达学位名号,但他没有接受。他游历了斯里兰卡各地,考察了地理风貌、风土人情、名胜古迹、崖刻碑文、动植物等,尤其是食用及药用植物的种类,一一绘制成图,仅在这里绘的精致图画就有一百二十多幅。他也考察了这个国家的佛教,认为斯里兰卡是一个几乎全民信仰佛教的国家,佛寺、佛塔林立,律藏教义在这里广为传播奉行。在斯里兰卡的学习考察结束后,他返回印度翻译经典。其间他编著了《梵文文库》《智游国度金钥》等著作。在印度、斯里兰卡、尼泊尔等地考察学习期间,不但刻苦攻读了佛学原理、教义等,还广泛接受世界进步理论和科技知识。他曾阅读了许多英文版的书籍和一些科技书刊,开阔了眼界,增长了知识。

这时,他已熟练地掌握了几种语言文字,精于翻译。其译著有十几部,首先将印度作家伽利达萨的名著《莲玛鸟的故事》由梵文译成藏文,之后又将《罗摩衍那传》《善女之歌》《无我问》《第七昼夜之话语》《三自性定论》《佛

宁玛派

事偈颂》等梵文名著译成藏文。又将自己著的《印度八大圣地志》《斯里兰卡纪事》《雪山狮·喜玛拉雅的故事》《龙树教义释》《微尘辨析》《中观因明之深义》《论白话文》《水和植物》《青莲花》《藏族格言之一、之二、之三》等著作，先后译成梵文在印度出版发行。据说，《印度八大圣地志》在印度出版过两次，深受印度学者的欢迎。

在翻译经典查阅资料的过程中，发现西藏早期（吐蕃王赤松德赞时期）著名密宗经典翻译大师白若杂那、噶觉等翻译的梵文经典和由梵文译成藏文的译著后，觉得译文精练准确，语言流畅通达，心中肃然起敬，合掌称善。他用藏文撰写的著作有三十一种，据他的高足霍康·索朗班巴说，运到西藏的手稿约一铁箱。后因种种原因，一些已佚失，其余的经西藏藏文古籍出版社精心搜集整理后，出版了《根敦群培文集》上、中、下三部。四川民族出版社也曾出版了《根敦群培文选》一部。近年青海省民族宗教事务委员会古籍中心与黄南州合作整理了他的文集，在民族出版社出版了影印本。

根敦群培用搜集来的大量资料汇编了一部《江湖游记》，是一部集印度、斯里兰卡、尼泊尔及西藏的地理地名、民俗、文化、艺术、古迹、寺庙等内容于一体的综合性著作。他从不歧视妇女，在《欲望论》一书中说："私事、村事、朝政大事，乃至乞丐的生计等，诸凡大小事情岂能没有妇女呢？"对妇女的作用和地位作了充分的肯定。

根敦群培对古体文字有所研究，他在游历印度、斯里兰卡、尼泊尔等地时，注意收集了一些崖（岩）刻文字、碑文和其他文字（包括象形字），并对此进行了考证和对比分析。

根敦群培酷爱读书、集书、著译，在印度、斯里兰卡期间，通过对藏族史的深入研究，萌发了编写一部宗教、神话色彩极淡，且较为完整的藏族史的念头，并着手搜集有关资料。对从新疆和敦煌出土的一部分古藏文原始资料进行了较为详尽的分析研究，摄取了自己所需要的部分内容。据说他是运用敦煌古藏文考证西藏古代文史较早的一位藏族学者。约于木鸡年（1945年），返回西藏，这时他已拥有许多编史的资料，为使藏族史更加完善、准确、史实可靠，他于火狗年（1946年）初和得意门生霍康·索朗班巴（后成为藏族学者）一起去考察历史遗址，足迹遍及有关吐蕃历史遗迹的每一个地方，所到之处对每一块石碑（包括无字石碑）、宫殿、佛殿、牌匾、墓地等都进行了详细考证和研究，做笔录，又取得了许多第一手资料。

编写藏族史的工作在拉萨罗布林卡一军营的办公室里进行，这是索朗班巴特意安排的，因为他当时担任西藏噶

宁玛派

厦政府近卫军如本（相当于营长）。根敦群培将史书定名为《白史》，也是有一定内涵的，一是为了不再重复，因前人已编有《青史》《红史》《花史》等史书，二是尽量剔除宗教神话传说，对西藏各教派不持门户之见，公正评述宁玛、萨迦、噶举、格鲁等教派。"白"意为纯洁、无渲染，故称《白史》。

当根敦群培专心致志奋笔撰写《白史》之际，腐败无能的噶厦政府在英帝国主义分子黎吉生的怂恿下，将他以莫须有的罪名逮捕入狱。使他身陷囹圄的真正内幕有两个方面：一是因为他作为一个正直的热爱民族、热爱祖国的学者，不愿违背自己的良心，丧失民族尊严，去为英帝国主义侵略西藏而效劳，严词拒绝了亲英分子的诱惑拉拢，使驻拉萨的英方代表黎吉生怀恨在心，诬陷他在印度期间参加了印度共产党，还编造了他的同党人名单，欲将他的好友和学生都牵连进去，置于死地；二是当时噶厦政府的摄政达扎和个别佛教界上层人士对根敦群培的才华和成就产生了强烈的嫉恨，以参与伪造藏钞和反对噶厦政府组织为名而"定罪"。噶厦政府组成所谓的"审讯小组"，对他多次进行审讯，并施以酷刑，要他招供，并让他招出平常与他有来往的友人和学生的名单。在严刑逼供下，他表现了一个藏族学者的坚贞气节，未吐一字，使噶厦政府和黎吉生的阴谋未能得逞。噶厦政府还抄了他的家,将他收藏的英文书籍全部交给黎吉生审查,希图从中找出一点"罪行",黎吉生竟然在一本《斯大林传记》上批了"危险品"三个字。根敦群培含冤坐牢,对英帝分子和噶厦政府痛恨至极,但他对佛教虔信不疑,在牢房内条件极差的情况下,经卷始终不离手。他还写道歌作诗,一方面慰藉自己,一方面告诫人们对黎吉生一伙要提高警惕。近3年的监狱生活,一次次的打击折磨,使他的身心受到了严重的摧残。噶厦政府还委派散颇台吉等两名官员审查此案,两位发现此案纯属诬陷,实属冤案,十分同情根敦群培的遭遇。为了不违上级意旨,又想救他出牢,就将他当众严刑五十马鞭,以无真凭实据而开释结案。

　　金虎年(1950年),根敦群培虽然出狱了,但身体十分虚弱,神志昏沉,再也不能重握笔杆写史了。《白史》一书未完成的部分,据说是由西藏著名学者格西曲扎先生受他之托而全力完成的。据《根敦群培文选》一书载,他的《白史》和《中观正见论》未完成部分,由高僧达瓦桑勒作笔录而补。总之有一批学者继承了他的未竟事业,使其圆满撰成。《白史》卷末以他在狱中写的一首诗作结束语:"唉!我已背井离乡,却还有几个口干舌燥的故交,说什么我本性自大骄傲,是被乃穷赤烈杰布(护法神)逐放;您(指

宁玛派

乃穷）若是一尊公正的护法神，怎么能容得那些昏庸的教徒，让他们云游各地，专做茶酒、牛羊生意呢？那些身上倒穿着犹如多罗叶的禅裙，手里操着卑劣凶器'加格赤'的僧人，理应即刻逐放他乡，但去岁以来这些人反而与日俱增。有人说我的被迫出走，是对佛法没有虔诚之心，那么为何不逐那些黄牛、犏牛、鸟雀、昆虫之类的畜生呢？杂杜尔、曲丹、乃穷诸尊神，你们毫无理由驱走无辜，不管刻苦学习佛陀经典的人。穿戴豪华和饮食衣着低劣的叛教者，在我们眼里大有区别，在佛陀眼里却无差异。既然能赶走一个通达'堆画'的'傲慢者'，那么随意经营屠杀生灵的豪富们，总有一天将会住满这里……"

1950年10月，西藏和平解放的消息传来，根敦群培心情万分激动，当中央人民政府代表张经武同志专门派医务人员去看望他，为他治病时，他一面以感激之情，感谢中国共产党和人民解放军，一面又无比愤慨地揭露反动噶厦政府勾结帝国主义分子在西藏犯下的罪行。由于长期经受折磨，被摧残的病体日趋恶化，虽经医务人员多方治疗，终在藏历第十六饶迥之金兔年（1951年）八月十四日因治疗无效而离开人世，终年56岁。

乔智·加华吉贝多杰

—— 果洛白玉寺重建者

宁玛派

乔智·加华吉贝多杰，生于木马年（1894年），四川成都附近加喀波多地方人，与拉智同属青海果洛久治地区最大的宁玛派寺院两大主要活佛。

乔智3岁时，由拉智活佛认定为宗智·加央喜饶的转世灵童，取名贡嘎华旦，首先迎请到四川甘孜地区白玉境内的白玉寺坐床。5岁时，委派康昂喇嘛彭措扎西和德措喇嘛索南仁增为其经师，教习藏文拼读，他念诵十分流利。是年从白玉寺迎请到果洛白玉寺，此寺为四川甘孜白玉寺的子寺，在寺内披剃落发，受近事戒，取法号班玛晋美旦增程勒。9岁在白玉寺正式坐床，从师学习文法、历算、诗学和《入行论》等藏文化学科和经论。15岁开始修学显密经论，同时学习宁玛派教法及教言。22岁时，前往四川甘孜的宁玛派大寺——嘎陀寺，在该寺活佛司徒·却吉嘉措、索南华丹等师尊前受比丘大戒，取比丘法号"图旦久美却吉瓦夏珠赤勒巴"。他先后从拉智活佛、戴钦都东旺徐林巴、鲁喜堪布官却梅朵、宗萨尔钦泽活佛等十几位知名活佛和名僧修学各种显密经论，并反复刻苦研习，逐步深入到佛学的广阔领域。经过多年的深钻细研，终成博学多识的学者，上师为他起学者名乔智·加华吉贝多杰，意为"妙化身文殊喜金刚"。

他不持门户之见，系统地学习了宗喀巴大师的《善说金鬘》《辨了不了义论》等格鲁派的重要经典。从9岁讲授"大灌顶法"开始，先后在四川嘉绒五部落、果洛三大部落的许多寺院中向僧众讲经说法，寺院僧众听受了他的讲经后，皆认为他虽年轻，但口才流利，能言善论，每讲一部，有理有据，头头是道，毫不混乱。

在讲经传法的同时，他也十分注重显密的修持，经常到一些静修地修持"金刚橛法""寿密"、《三律仪论释》等教法。对他所取得的佛学成就，九世班禅洛桑图旦却吉尼玛大师莅临果洛玛科地方时，曾对前来拜谒他的乔智作了这样的评价："当前新旧教派中精通和关心本派教义的人不少，但对佛教不持偏见，领会佛教要义，并无微不至关怀的当属你。"并授予他"麦日根堪布"的称号和金印一枚，赐银圆1000块，还认定白玉寺为其属寺。

1936年6月，白玉寺大经堂、宅院、僧舍及大量佛教

宁玛派

经典等因战乱而遭受焚毁。乔智活佛于 1940 年至 1942 年间在信教群众的资助下，重建了白玉寺。

乔智活佛对白玉寺的建设做出了较大贡献，首先他为四川甘孜白玉寺久扎拉萨尔佛殿安装了金顶，为果洛久治白玉寺增建了寝宫、佛殿，修建了几处日朝巴山寺的佛堂。他对金顶佛殿的梁柱进行雕刻彩绘，殿四角安装名叫"曲森"的鳌头，殿顶设置铜制镏金宝瓶、法幢、法轮、祥麟等装饰物品，在佛殿内塑供了宗喀巴师徒三尊镏金铜像，这在其他宁玛派寺院中是很少见的，还塑有莲花生大师古印度铜像、千手千眼观音镏金铜像等佛像多尊，还供奉了几座金银佛塔，热译师的金刚铃杵等珍贵圣物，以及捐献各种木刻、金银汁写本的佛经几千卷。

乔智·加华吉贝多杰于藏历土狗年（1958 年）往生净土，终年 64 岁。

后　记

　　藏传佛教高僧不仅在藏传佛教的传播和弘扬过程中发挥了巨大的历史作用，还对藏、土、蒙古等民族劳动人民创造的优秀文化的继承、发扬和传播也起了桥梁作用。在历代高僧他们的著述中除了佛学思想，还蕴藏着大量的语言、文学、诗歌、艺术（音乐、戏剧、雕塑、建筑）、哲学、历史、天文历算、医药、农牧业生产等知识。尚有一些高僧在世俗事务中以其独特的身份、地位及其在僧俗中的影响，在调解部落、地界、草山和民事纠纷中起到过不可忽视的作用。他们抑恶扬善、扶危济困，赢得了僧俗群众的尊敬。其中还有部分高僧，如萨迦派的萨班等，他们为祖国统一、民族团结、人民安定等做出过重大贡献。为便于人们初步了解这些高僧的历史概貌，作者历经多年收集藏汉文资料编译了本套丛书。

宁玛派

　　所收宗教名人，就区域和民族而言，绝非凭主观而定，而是依据现有资料决定的。结果出现了地区、民族、教派诸比例不均衡的现象。因资料来源不同，对所载人物出生年代、出生地，甚至事迹也有差异。为力求准确，笔者查阅了大量资料并加以核对，但终因资料限制和知识水平所限，有些问题还难以定论，便采用了按两种或两种以上说法基本相吻合者为准，对少数说法不一致的，也做了些交代。书中已约定俗成的人名沿用未变，少部分名讳依安多语音翻译。为了防止名讳混淆，冠在名讳前面的习惯称谓基本保留。

　　由于此套丛书是一套专门介绍藏传佛教历史名人生平史略的书，在辑译和编写过程中，笔者慎重地对藏文典籍中那些纯宗教化叙述的内容材料进行了取舍，特别是涉及西藏密宗中的一些具体内容，基本上采取了舍弃的态度。尽管如此，书稿仍免不了沾带宗教色彩，这也是自然的。因此，我们要用历史唯物主义和辩证唯物主义的观点去认识和剖析它，去其糟粕，吸收其可贵的东西。

2018 年 9 月

编者写于西宁